車いすの図鑑

監修 髙橋儀平

はじめに

　みなさんは、自分が住んでいる町で、車いすを使用している人をみかけたことがありませんか。みなさんのまわりにも車いすを使用している人がいるかもしれませんね。しかし、車いすを使用している人の生活をよく知っている人は少ないでしょう。

　この本では、車いすを使用している人が、どんな思いをもってくらしているかについて考えます。はじめに、車いすで町にでるときのたいへんさと、その理由を考えてみましょう。そして、もし、車いすで移動することを不自由にさせているもの(バリアといいます)が何かみつかったら、そのバリアをとりのぞくと、どんな自由なくらしができるかについても考えてみたいと思います。

　車いすを使用している人が感じるバリアは、どのようにできたのでしょうか。障害や病気は少なからずだれにでもあります。小さいときからか、あるいはおとなになってからか、あるいは年をとってからかは人によってちがいます。一時的な場合もあるでしょう。つまり、わたしたちは、いつでもどこでも、移動のしにくさやくらしの不自由さに出会うことがあるのです。でも、本当はだれでも、自分ひとりで自由に、あるいは家族や友だちといっしょに、映画や買い物、スポーツなどを楽しみたいとねがっています。たとえ車いすを使用していても、気がねなくでかけられる町をつくる。このことは、現代に生きるわたしたちの役割であると考えます。

　これまでは、体が不自由になると、その人がくふうしなければ生活ができませんでした。これからの時代は反対です。町や交通機関、施設の側がくふうして、だれもが負担なく利用できるようにかわらなければなりません。車いすは、そのたいせつなめやすになります。車いすを使用している人をとおして、だれもが安心して生活できる町にすることのたいせつさをみんなで話しあいましょう。

　わたしたちのねがいは、みなさんが中学生や高校生、大学生になったときに、またこの本を読みかえしてくれることです。この本をとおして感じたことや考えたこと、実際におきたことをしっかりと記憶にとどめておいてください。

　みなさんの意見が、町のなかのバリアを改善する大きな一歩になるのです。

監修：髙橋儀平

この本で伝えたいこと

　人はみんな、それぞれにちがいや特徴があります。男性だったり、女性だったり。背が高かったり、低かったり。健康だったり、病気がちだったり、体が不自由だったり。日本人だったり、外国の人だったり……。わたしたちはだれもが社会の一員として、それぞれのちがいや特徴をいかしながら社会活動に参加しています。

　しかし、人によっては社会活動に参加しにくいこともあります。たとえば、足が不自由な人や目が不自由な人にとって、道路を歩くことやスーパーで買い物をすることはかんたんではありません。わたしたちには、こういった障害のある人もない人も、だれもが社会活動に参加し、自由で快適にくらせるように、おたがいのちがいや特徴をみとめ、ささえあっていくことがもとめられています。

　この本でとりあげている「車いす」は、おもに足の不自由な人の移動をたすけてくれるものです。車いすをとおして、使用者が感じている困難や不便、いまの社会に存在する多くのバリア（障壁）を知り、みんながささえあうための方法を考えていきましょう。

もくじ

「障害」の表記については多様な考えかたがあり、「障害」のほかに「障がい」などとする場合があります。この本では、障害とはその人自身にあるものではなく、言葉の本来の意味での「生活するうえで直面する壁や制限」ととらえ、「障害」と表記しています。

はじめに……………………………………………………… 2

この本で伝えたいこと……………………………………… 3

第1章　車いすを知ろう

学校訪問！ 車いすで活動する子どもたち ［東京都立鹿本学園］ ……………… 8

車いすって、どんなもの？ ………………………………… 12
　車いすを使用する人たち ………………………………… 12

車いすのしくみ ……………………………………………… 14

車いすを準備する ………………………………………… 16
　車いすをひろげる／車いすをたたむ ………………… 16
　車いすに乗る／車いすからおりる …………………… 17

車いすを動かす …………………………………………… 18
　自走で動かす基本動作 ………………………………… 18
　介助で動かす基本動作 ………………………………… 19
　●自走用車いすで走行しにくい道路では ……………… 19

交通ルールを知っておこう！ 車いすは、道路のどこを通行するの？ ………… 20

車いすでの介助のしかた ………………………………… 22
　段差をのぼる／段差をおりる ………………………… 23
　坂道をのぼる、くだる／みぞをこえる ……………… 24
　●こまっている人をみかけたら …………………………… 25

はじめての 車いす体験レポート ［東京都杉並区立松庵小学校］ …………… 26
　スロープ（坂道）を走行する練習 …………………… 27
　段差をこえる練習 ……………………………………… 27
　車いすで実際の道路を走行する体験 ………………… 28

第2章　車いすとバリアフリー

車いす使用者の不便をなくす　～バリアとバリアフリー～ ……………… 30
　障害者の社会参加をさまたげる「4つのバリア」 ……………… 30
　身近なバリアフリーをさがしてみよう ……………… 31

道路のバリアフリー ……………………………………………… 32
　道路のバリアフリー整備 ……………………………… 35

トイレのバリアフリー …………………………………………… 36
　車いす使用者などが利用できるトイレ ……………… 37

乗り物のバリアフリー　鉄　道 ………………………………… 38
　電車の乗りかた（駅員による介助が必要な場合） ……… 38
　車いすに対応した駅や電車の設備 …………………… 39
乗り物のバリアフリー　バ　ス ………………………………… 40
乗り物のバリアフリー　飛行機 ………………………………… 41
乗り物のバリアフリー　福祉車両・UDタクシー ……………… 42
　●だれでも利用しやすい「UDタクシー」 ……………………… 43

家のバリアフリー ………………………………………………… 44

◆ユニバーサルデザインとは？ ………………………………… 47

車いすで楽しもう！ ……………………………………………… 48
　複合商業施設　［東京ミッドタウン日比谷］ ……………… 48
　複合映画館　［新宿ピカデリー］ …………………………… 49
　大型スーパー　［イトーヨーカドー］ ……………………… 49
　広い公園　［国営昭和記念公園］ …………………………… 50
　ホテル　［ザ・プリンス パークタワー東京］ …………… 51
　野球場　［MAZDA Zoom-Zoom スタジアム広島］ ………… 51

楽しもう！　車いすスポーツ［障害者スポーツ文化センター 横浜ラポール］ ………… 52
　障害者スポーツセンター …………………………………… 52
　車いす陸上競技　［横浜ラ・ストラーダ.Jr］ …………… 53
　電動車いすサッカー　［横浜クラッカーズ／横浜ベイドリーム］ ………… 54

◆障害者に関するマーク ………………………………………… 55
◆障害者のための補助犬 ………………………………………… 56

第3章　車いす図鑑 ～標準・電動からスポーツ用まで～

標準タイプの車いす ……………………………………………… 58

アクティブタイプの車いす ……………………………………… 59

軽量・コンパクトタイプの車いす ……………………………… 60

角度調節機能つきの車いす ……………………………………… 61

電動車いす ………………………………………………………… 62

　　●電動車いすで活動する人たち ……………………………… 63

子ども用の車いす ………………………………………………… 64

特徴のある車いす ………………………………………………… 66

電動カート ………………………………………………………… 68

スポーツ用
車いす陸上競技用車いす ………………………………………… 69

車いすテニス用車いす …………………………………………… 70

車いすバスケットボール用車いす ……………………………… 71

ウィルチェアーラグビー用車いす ……………………………… 72

電動車いすサッカー用車いす …………………………………… 73

車いすQ＆A ……………………………………………………… 74

　●子ども用の車いすであることを知らせる「バギーマーク」……………… 76

先生・保護者のみなさまへ ……………………………… 77

さくいん ……………………………………………………… 78

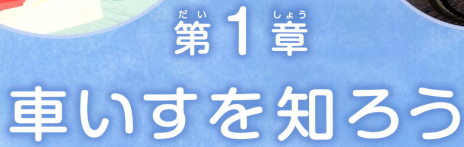

第1章
車いすを知ろう

学校訪問！
車いすで活動する子どもたち

　日常生活で車いすを使っている子どもたちは、どのような学校生活をおくっているのでしょうか。車いすを使用する児童・生徒が学ぶ特別支援学校「東京都立鹿本学園」（東京都江戸川区）で、小学4年生の授業のようすを取材させていただきました。

登校

毎日の通学ではスクールバスを利用しています。バスは、車いすに乗ったままで乗り降りできるリフトつきのものです。

リフトは登校・下校時になくてはならない強い味方。

スクールバスからリフトでゆっくりおりる。でむかえてくれた先生たちには、元気よくあいさつ！

クラスメートが集まったら、みんなで教室までいこう！　廊下が広いので移動はスムーズ。

朝の会

席についたら、日直の人が出席確認をします。名前をよばれた人は大きな声で返事をしました。みんなの元気な声を確認してから、担任の先生が授業の説明をはじめます。

教室では、荷物はロッカーにしまう。

きょうは取材があるので特別な時間割。1時間目は「自立活動」の時間なので、自立活動室（▶p.11）に移動します。

8

自立活動

楽しい自立活動の時間。担任や専門の先生のもとで筋力トレーニングやストレッチをおこない、体をほぐして身体機能を高めます。

マットの上に寝ころんでストレッチ。体を動かして、筋肉の緊張をほぐす。

トランポリン

トランポリンを使った運動のときは笑いがたえない。動物の動きをまねして、楽しくはずむ。

呼吸する力を高めるゲームでは、息をふきかけてボールを穴にいれる。

クラッチ（つえの一種）を使って歩く練習。少しずつ上達してきたね！

国語 算数

国語と算数の授業。授業は日直の人のあいさつではじまります。漢字とかけ算を勉強しました。

社会

きょうは、パソコンルームではなく、教室でタブレット端末を使った日本地図の勉強です。

国語の授業では、漢字の辞書引き選手権をやった。先生のあげる漢字をすばやく調べよう！

都道府県の名前をだしあって、日本地図から場所をさがすゲーム。地図を拡大して、すぐにみつけたよ！

算数の授業では、3けたのかけ算にチャレンジ。

体育

つぎの授業では、ボッチャのボールを使ったゲームをしました。的にむかってボールを投げあう楽しいゲームです。

的にはいった点数の合計をきそうゲームをおこなう。はじめはクラスメート同士で勝負。

つづいて、先生と子どもたちのグループが対戦。青いボールが先生、赤いボールが子どもたち。真剣なまなざしで高得点をねらった。

音楽

電子ピアノの演奏です。これまで習ってきたことを復習してから、個人練習と合奏をおこないました。

きょうは「ドレミのうた」の練習。まずは個人練習から。

最後にみんなで音をあわせて合奏。うまく音がそろうようになったね。

給食

まちにまった給食の時間。みんな給食が大好きです。きょうのお楽しみは、メニューにはじめて登場する「カレーあげパン」でした。

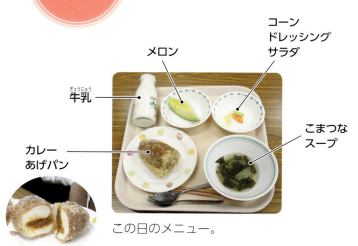

牛乳 / メロン / コーンドレッシングサラダ / こまつなスープ / カレーあげパン

この日のメニュー。

みんなといっしょに食べると、おいしさもアップ。苦手だった野菜も、だいぶ食べられるようになったよ。

鹿本学園の施設・設備

鹿本学園の校舎（肢体不自由教育部門）の施設・設備などを紹介します。車いすを使う子どもが多いので、車いすに乗ったままで利用しやすいように、さまざまなくふうがみられます。

広い廊下
幅が広いので、車いすでもすれちがうにはじゅうぶん。壁には手すりがとりつけられている。

まがり角も安全に走行。

落下防止柵
階段に設置された開閉式の柵。あやまって階段から転落するのをふせぐ。

車いす用体重計
車いすに乗ったままで、体重をはかることができる。

車いす用空気入れ
車いすのタイヤの空気が少なくなったときに使用する。手動式と電動式がある。

自立活動室
筋力トレーニングやストレッチなどをおこなう。自立活動をたすける器具や遊具がおかれている。

絵本のさんぽみち
図書室へつうじる廊下に設置された本棚。車いすでとおったとき、そのまま本を選べて便利。

プール
水深が3段階にわかれている。スロープから、ゆっくりと水にはいっていける。

小さいプールも完備。

避難用スロープ
緊急時に、2階から1階まで、スロープをたどって避難できる。校舎の外側に設置されている。

車いすって、どんなもの？

「車いす」を使っている人をみかけたことがあるでしょうか？　車いすは、歩行が困難な人の移動をたすけてくれるものです。足が不自由などの理由でうまく歩けない人や、長距離を歩けない人などのために、足になって日常生活をささえてくれます。

車いすは行動範囲をひろげてくれる

車いすは、名前のとおり「いす」と「車」を組みあわせてつくられています。使用者はいすにすわり、左右についている車輪が前後に回転してすすみます。

足で歩いて移動することがむずかしい人でも、車いすを使えば、さまざまな場所へでかけることができ、行動範囲をひろげることができます。自立した日常生活をおくるうえでのささえにもなります。

子ども用（左）とおとな用（右）の車いす。いすの幅や車輪の大きさなどにちがいがある。

車いすを使用する人たち

車いすを使用する理由は人によってちがいます。
高齢のために足腰が弱って長い距離を歩けなくなった人や、体に障害があって歩けない人、病気や事故が原因で一時的に自分の力だけでは歩けなくなった人など、人それぞれです。

下半身に障害がある。

交通事故で足にけがをした。

車いすのちがい

　車いすには、使用する方法や目的、使用者の体の状態などに応じて、いくつかの種類があります。使用方法からみると、使用者が自分の力で動かす「自走用車いす」と、介助をする人（介助者）がおして動かす「介助用車いす」の2種類に大きくわけられます。

　自走用車いすは、車輪の外側に「ハンドリム」とよばれる輪がついていて、その輪を手でまわすことによって車いすを動かします。介助用車いすにはハンドリムがなく、介助者が手押しハンドルをにぎって動かします。車輪は少し小さく、本体の重量は軽めのものが一般的です。自走用と介助用の機能をあわせもった兼用の車いすもよく使われています。

　また、自走用には、モーターで車輪を動かす「電動車いす」もあります。

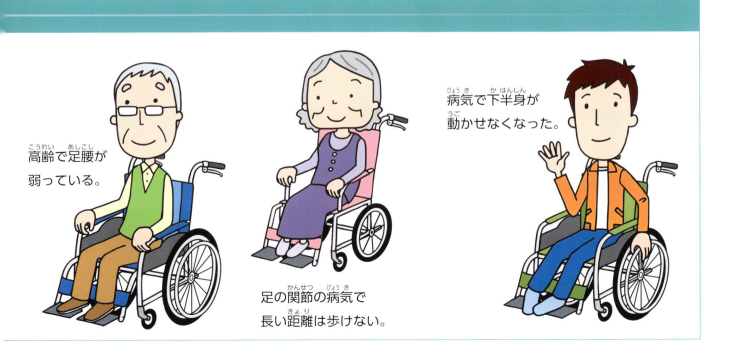

車いすのしくみ

※部位の名前は、メーカーや製品によってちがうことがあります。

　車いすは、使う目的によってさまざまな種類があり、機能やしくみにちがいがあります。

　ここでは、病院や介護施設などでよく使われる一般的な車いすを例にして、しくみをみていきましょう。

　写真は、自分の手で動かすことも、介助者におしてもらうこともできる「自走・介助兼用車いす」です。本体のフレームはアルミ製で、タイヤのサイズは22インチ（1インチ＝約2.5cm）。使わないときは、折りたたんでしまっておくことができます。

手押しハンドル
介助者がうしろから操作するときににぎる取っ手（グリップ）。

介助用ブレーキ
介助者が使うブレーキ。自転車のブレーキとおなじように、にぎる力の加減でスピードの調節ができる。

車輪（後輪）
駆動用の車輪。タイヤのサイズは、自走用は18インチ以上、介助用は12〜18インチが多い。

ハンドリム
車輪の外側についているリング（輪）。手でにぎり、前後にまわして車輪を動かす。にぎる手をとめれば、車いすは停止する。一般に、介助用車いすにはついていない。

ティッピングレバー
段差や障害物をのりこえるとき、介助者がキャスター（前輪）をあげるために足でふみこむ棒状のレバー。板状のものもある。

駐車用ブレーキ
車いすを完全に停止させるためのブレーキ。左右についていて、タイヤをおさえつけて固定する（円内）。

MiKi

自走・介助兼用車いす。自分でハンドリムをまわして動かす。介助者に操作してもらうことも可能。

背もたれ
使用者が背をあてて姿勢をささえるところ。「バックサポート」「バックレスト」ともいう。

ひじかけ
腕をささえるところ。乗り降りするときには、手でつかんで体をささえる。可動式やとりはずせるものもある。「アームサポート」「アームレスト」ともいう。

介助用車いす。介助者は手押しハンドルをにぎり、車いすをおしたり、ひいたりして動かす。

サイドガード
車輪に衣服などがまきこまれるのをふせぐところ。

シート
使用者がすわる座面。

レッグサポート
ふくらはぎをささえるところ。

フットレスト
足をのせるところ。使用するときには、写真のように水平にする。「フットサポート」ともいう。

キャスター（前輪）
前部についている小型の車輪。360度回転し、方向転換するときに役立つ。

第1章 車いすを知ろう

15

車いすを準備する

車いすを安全で快適に使用するためには、適切な手順や方法であつかうことがたいせつです。点検もせずに車いすに乗ったり、介助者がいきなりうしろからおしたりすると、思わぬ事故やけがのもとにもなります。車いすを動かす前の準備を知っておきましょう。

※使用にあたっては取扱説明書にしたがってください。
※異常がみつかった場合は、ただちに使用を中止してください。

使用する前の点検

車いすを使用する前には、右のことをかならず確認します。駐車用ブレーキのかかりがわるいと、転倒事故などの原因になります。空気をいれるタイプのタイヤの場合、空気が少ないと、駐車用ブレーキのかかりがよくありません。しっかり点検してから使用します。

駐車用ブレーキが確実にかかること。

タイヤに空気がじゅうぶんはいっていること。

※介助するときには、介助用ブレーキ（▶p.14・22）のかかり具合も確認します。

車いすをひろげる、たたむ

折りたたみのできる車いすの場合、ひろげることも、たたむこともかんたんにできます。使用する前後の作業は、指をはさまないように注意しておこないます。　※写真は自走・介助兼用の車いすの例です。

車いすをひろげる

1 車いすのうしろに立つ。**2** ひじかけをもって左右にひらく。**3** シートをおしさげる。**4** フットレストをたおして水平にする。

車いすをたたむ

1 駐車用ブレーキをかける。**2** フットレストを立てる。**3** シートの前後中央部をもち、ひきあげる。**4** ひじかけや手押しハンドルをもって、内側にとじる。

車いすに乗る、おりる

　車いすに乗る手順、おりる手順を紹介します。使用者の障害の程度によっては、介助者が一部またはすべての動作を手助けします。

※写真は自走・介助兼用の車いすの例です。使用者の障害の程度によっては、手順のとおりにならないことがあります。

車いすに乗る

①車いすをひろげて、フットレストを水平にする。
介助者がおこなうこともあります。

②ひじかけをもち、フットレストをふまないように注意して、シートに腰をおろす。
介助者がささえることもあります。

③腰のうしろが背もたれにつくように深くすわり、足をフットレストにのせる。

④左右にある駐車用ブレーキを解除し、車いすが動くようにする。
※解除のしかたは機種によってちがいます。

⑤両手でハンドリムをにぎり、すすみたいほうにまわす。

車いすからおりる

①左右にある駐車用ブレーキをかけて、車いすが動かないように固定する。

②フットレストをふまないように注意し、地面（床）に足をつけて立ちあがる。
介助者がささえることもあります。

③フットレストを立ててから、車いすをたたむ。
介助者がおこなうこともあります。

乗り降りのときの注意点

　車いすに乗るとき、おりるときに注意するのは、駐車用ブレーキとフットレストの状態です。駐車用ブレーキをかけずに乗り降りすると、車いすが動いてしまい、使用者が転倒するおそれがあります。乗る途中、おりる途中でフットレストをふむと、車いす自体がかたむいてしまって危険です。

17

車いすを動かす

　車輪の外側に「ハンドリム」とよばれるリングがついている車いすは、それをまわすと、同時に車輪も回転してすすみます。左右のハンドリムにくわえる力の方向や加減によって、車いすを自在に動かすことができます。介助用車いすや兼用車いすで介助する場合は、介助者が手押しハンドルを操作して動かします。

自走で動かす基本動作　　自走用車いす・兼用車いすの場合

　前進・後進、右折・左折ができます。その場での回転（方向転換）もできますが、真横にはすすめません。車いすがあやまって動かないように、ハンドリムはつねに手でにぎっています。車輪にふれて、けがをしないように注意して操作します。

ハンドリム

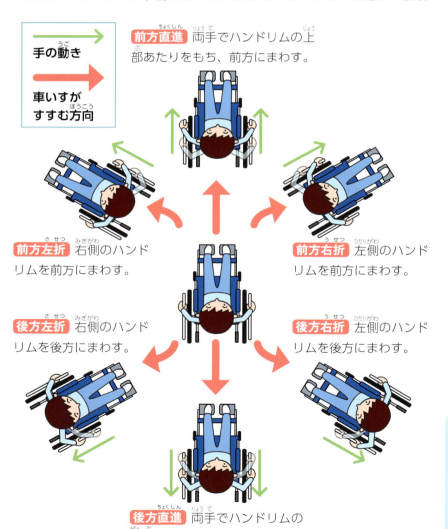

手の動き
車いすがすすむ方向

前方直進 両手でハンドリムの上部あたりをもち、前方にまわす。

前方左折 右側のハンドリムを前方にまわす。

前方右折 左側のハンドリムを前方にまわす。

後方左折 右側のハンドリムを後方にまわす。

後方右折 左側のハンドリムを後方にまわす。

後方直進 両手でハンドリムの前部をもち、後方にまわす。

その場で右回転（真うしろをむく）

①左手でハンドリムの上部あたりをもち、右手で前部をもつ。②左手でハンドリムを前方にまわしながら、右手を後方にまわす。

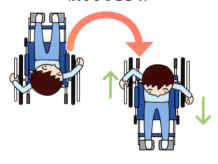

減速 ハンドリムをまわしている力を弱める。

停止 ハンドリムをにぎって、まわらないようにする。

介助で動かす基本動作

介助用車いす・兼用車いすの場合

介助者は手押しハンドルをもち、歩きながら車いすを動かします。その場での回転（方向転換）もできますが、真横には動かせません。使用者は手をひじかけか、太ももの上においておきます。介助者の動作をみてみましょう。

前方直進
ゆっくり前におしてすすめる。

後方直進
ゆっくりうしろにひいてすすめる。

減速
歩く速度を弱める。

停止
足をとめて、体にひきよせる。

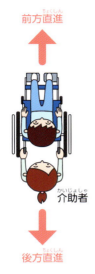

前方右折
左手をおすように前にすすめる。

前方左折
右手をおすように前にすすめる。

後方右折
左手をひくようにうしろにすすめる。

後方左折
右手をひくようにうしろにすすめる。

その場で右回転（真うしろをむく）
左手をおしながら、右手をひくように右をむいていく。

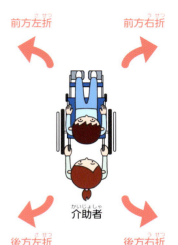

自走用車いすで走行しにくい道路では

道路はたいらなところばかりではありません。坂道や左右に傾斜した道など、走行しにくいところは、ちょっとしたくふうで走行できるようになります。

坂道をのぼる
体重がうしろにかかってスピードがあがらず、うまくのぼれないことがある。上半身を前にかたむけ、ハンドリムを強くにぎってまわす。

坂道をくだる
自然に車輪が回転してしまい、スピードがですぎることがあって危険。体重をうしろにかけ、ハンドリムを強くにぎって回転をおさえる。

右に傾斜した道をすすむ
道路のかたむきにしたがい、右によっていってしまう。右のハンドリムを強くまわして、まっすぐすすむようにする。

右を強くまわそう！

左に傾斜した道をすすむ
道路のかたむきにしたがい、左によっていってしまう。左のハンドリムを強くまわして、まっすぐすすむようにする。

交通ルールを知っておこう！

車いすは、道路のどこを通行するの？

　車いすにはタイヤがついていますが、道路を通行するときは自転車や自動車とおなじようにあつかわれるのでしょうか？

　じつは、交通ルール上、車いすは自転車でも自動車でもなく、「人（歩行者）」とおなじとされます。歩行者としてあつかわれるので、道路を通行するときは、歩行者の交通ルールにしたがう必要があります。

車いすで道路を通行する

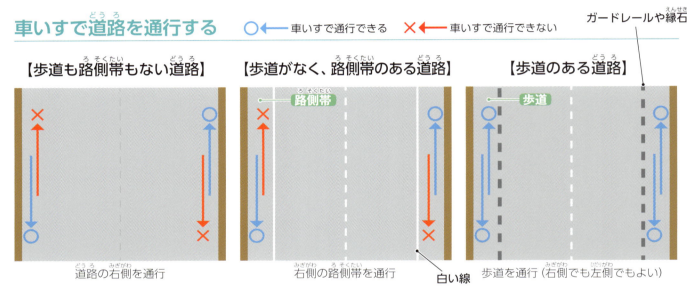

　道路では、歩行者とおなじように右側通行が原則です。白い線がひかれた「路側帯」があれば、進行方向にむかって右側の路側帯を通行します。ガードレールや縁石（コンクリートブロックなど）で仕切られた「歩道」では、道路の右側の歩道でも左側の歩道でも通行できます。

車いすで信号機のある横断歩道を通行する

　「一般の信号機」と「歩行者用の信号機」が設置されていれば、歩行者用にしたがって横断歩道を通行します。歩行者用がない場合は、一般の信号機にしたがいます。

　青色が点灯していれば、車いすで通行できます。横断歩道をわたっている途中で黄色や赤色にかわらないように、青色にかわった直後にわたりはじめるとよいでしょう。

※説明のため、すべての色を点灯させています。
※車いすでは横断歩道をわたりきるのに時間がかかることがあるので、通行可能な「点滅」であっても「通行しない」としています。

車いすで通行するときに注意する「道路標識」

　道路にはさまざまな道路標識が設置されています。車いすは歩行者とおなじなので、人をあらわしている道路標識にしたがいます。青い道路標識は通行できること、赤い道路標識は通行できないことを意味します。

車いすで道路を通行するときに注意すること

　車いすは歩行者とおなじようにあつかわれるとはいうものの、車いすならではの注意点があります。

体調がわるいときは介助をたのむ

体の調子がわるい日に車いすに乗るときは、ほかの人に介助をたのみ、注意して使用する。

通話しながらの通行はしない

スマートフォンや携帯電話で話しながら車いすを操作するのはとても危険。駐車用ブレーキをかけて、完全に停止してから話すようにする。

大型車からみえにくいことをわすれない

車いすにはすわって乗るので、歩行者よりも背が低く、トラックなどの大型車の運転席からはみえにくい。車道からはなれて通行するなど、安全に気をつけて行動する。

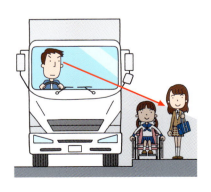

身を乗りだしてひろわない

落としたものを身を乗りだしてひろおうとすると、転倒するおそれがある。近くの人にたすけをもとめて、ひろってもらうようにする。

第1章　車いすを知ろう

21

車いすでの介助のしかた

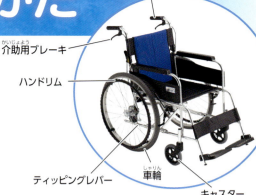

歩行が困難な人を車いすで介助する場合、おもに「介助用車いす」または「自走・介助兼用車いす」を使います。手押しハンドルと介助用ブレーキがついている車いすです。介助のしかたをみていきましょう。

介助のポイントは声かけ

車いすでの介助は、使用者が乗っている車いすを、背後から介助者が操作するのが基本です。前をむいている使用者からは介助者のすがたがみえないので、使用者の気持ちに配慮しながら介助する必要があります。

たとえば、背後からいきなり車いすをおすと、乗っている人はびっくりして、不安な気持ちになってしまいます。

車いすをおす前には、「動きますよ」とか、「うしろに動かしますね」などと、かならずひと声かけます。声をかけることによって、使用者はこれから動きだすことを知り、安心します。

右折するときには「右にまがります」、じゃり道にでるときには「じゃりがあるので、少しガタガタしますよ」など、つねに声かけをすることで、使用者とのあいだに信頼関係がうまれます。

また、車いすに乗ってもらう前には、タイヤの空気がじゅうぶんにはいっているか、ブレーキが正常にかかるかなどを確認しておきます。

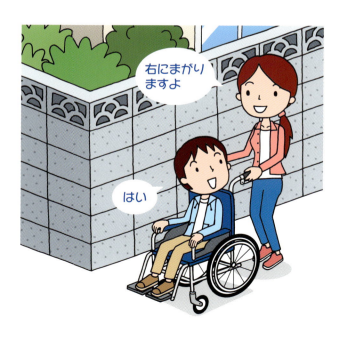

タイヤの空気圧

介助用ブレーキ

駐車用ブレーキ

使用者が乗る前に、介助者は、それぞれが正常であることを確認する。

※介助中にこまったことがおきたら、周囲の人に応援をたのみましょう。

段差をのぼる

のぼったりおりたりする前には、低い段差であっても使用者にひと声かけます。のぼるときも、おりるときも、段差に対して正面の位置に車いすをすすめて操作します。介助者がひとりの場合、階段のような大きな段差をのぼっていくことはできません。階段をのぼるには、2人または4人以上の介助者で車いすをもちあげる必要があります。

正面 ○ 　ななめ ×

1 キャスター（前輪）が段差にふれる手前まですすめたら、いったん停止する。2 ティッピングレバーを足でふみながら、手押しハンドルをおしさげて、キャスターを少しあげる。3 前にすすみ、段差の上にキャスターをのせる。4 さらに車輪（後輪）が段差にふれるまですすむ。5 手押しハンドルをもちあげて、車輪を段差の上にのせる。

段差をおりる

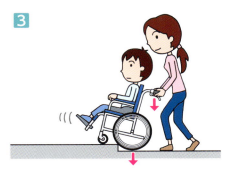

1 車いすをうしろむきにする。2 ゆっくりとうしろにさがり、車輪（後輪）が段差のはしにくるまですすむ。3 段差の下に車輪をおろす。4 そのままゆっくりうしろにさがる。5 キャスター（前輪）を段差の下におろす。

坂道をのぼる、くだる

坂道では、低いほうに車いすが勝手にすすんでしまいます。介助者は手足の力をゆるめず、とくにくだり坂では、介助用ブレーキで速度を調節しながら操作をおこなう必要があります。

のぼり坂では「前むき」に操作する。
介助者は両手に重さを感じて、車いすが左右にふられやすくなるので注意する。足をふんばり、左右の手の力をおなじくらいにたもちながらおすと、安定した走行ができる。

くだり坂では「うしろむき」に操作する。
足をふんばり、左右の手の力をおなじくらいにたもって、車いすをしっかりささえるように、ゆっくりとうしろにすすむ。

※うしろに人や障害物がないか、つねに注意します。

みぞをこえる

道路や踏み切りにあるちょっとしたみぞや、電車とホームのあいだのすきまなどをこえるときは、「段差をのぼる／段差をおりる」（▶p.23）の操作を応用します。

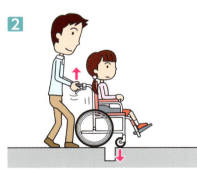

1 キャスター（前輪）がみぞの手前にくるまですすめたら、いったん停止する。ティッピングレバーを足でふみながら、手押しハンドルをおしさげて、キャスターを少しあげる。
2 車輪（後輪）がみぞの手前にくるまですすみ、みぞのむこうにキャスターをおろす。3 手押しハンドルをもちあげて、車輪を少しあげる。
4 そのままおしていき、車輪をみぞのむこうにおろす。

※みぞにキャスターがはまって動かなくなったら、あわてずに周囲の人に応援をたのみましょう。

車いすでの走行がむずかしいとき

介助する人がいても、天気や道路の状態によっては、車いすでの移動をさけるほうがよい場合があります。外出するときには、その日の天気予報や道順などをあらかじめ調べておきます。

雨の日の走行
かさをさしながらでは、自走用も介助用も走行は困難。車いす専用のレインコートがあるが、可能であれば外出をひかえる。

夜間の走行
夜間は視界がわるい。点滅するライトや反射シールなどを車いすにとりつけることで、自動車や周囲の人から気づかれやすくすることはできるが、夜間の外出はひかえるほうがよい。

人通りの多い道路の走行
走行しにくいだけでなく、人と接触して、自分や相手がけがをしてしまうことがあります。周囲の人とぶつからないよう、じゅうぶんに気をつけて走行する。

けがや事故にあわないための注意

自走用車いすに乗って走行したり、介助用車いすをおして介助したりするとき、注意していないと、思わぬけがや事故にあうことがあります。細心の注意をはらって行動する必要があります。

使用者 走行しているときの注意
自走用車いすで走行しているとき、むりに段差をのりこえようとすると、重心がうしろへいって、後方に転倒してしまうことがある。車いす後部に転倒防止バーなどをとりつけて、転倒しにくくすることはできるが、むりな操作をしないように心がけることがだいじ。こまったことがあったら、周囲の人に声をかけて手つだってもらう。

介助者 介助しているときの注意
介助者からは車いす使用者の足先がみえにくい。そのため、あやまって、ドアや壁などに使用者の足をぶつけてしまうことがある。使用者が正しい姿勢ですわっているか、フットレストにしっかり足をのせているか確認すること。介助中に急ブレーキをかけると、使用者が転落するおそれがあるので、急な減速はしないようにする。

こまっている人をみかけたら

車いすに乗っている人や、目が不自由で白杖（白いつえ）をもっている人などがこまっているようだったら、ひと声かけましょう。

ただし、いきなり車いすをおしたり、腕をひっぱったりしてはいけません。最初にひと声かけて、その人がたすけを必要としているかどうかを確認します。そのとき、あまり大きな声だと、びっくりさせてしまうかもしれません。

また、車いすに乗っている人に声をかけるときは、少しかがんで、目線の高さをおなじくらいにしてから話しはじめるとよいでしょう。

《声かけの例》

なにか、おこまりですか？

お手つだいしましょうか？

はじめての車いす体験レポート

　いつもの通学路を車いすに乗ってとおってみると、歩いていたときにはわからなかった道路のでこぼこやかたむきに気づきます。目線が低くなるので、いつもの風景もちがってみえてきます。

　東京都杉並区立松庵小学校では、地域の民生委員の人たちの協力をえて、車いす体験を授業にとりいれています。今回は、5年生の子どもたちが車いす体験にチャレンジしました。

　まずはグループにわかれて、車いすのひろげかたや、たたみかたといった基本の手順を教えてもらいます。はじめて車いすにさわったという子どもが多く、みんな興味深く説明を聞きました。乗り降りのときの注意を聞いたあとは、実際に車いすを動かして、スロープ（坂道）の走行や段差をのりこえる練習などをおこないました。

民生委員の人たちから、車いすの使いかたをていねいに教えてもらった。

ひろげる
ひじかけを左右にひいてシートをおすと、ひろがることがわかった。

安全確認
まずは安全確認。駐車用ブレーキが正常にかかるかチェックした。

たたむ
たたむときはシートをひきあげる。指をはさまないように気をつけた。

スロープ（坂道）を走行する練習

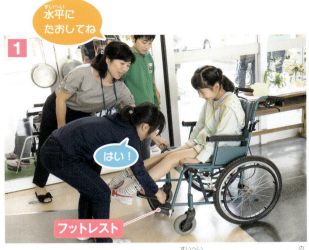

たいらなところでフットレストを水平にする。車いすに乗る人は、足がぶらつかないように両足をのせよう！

介助する人が手押しハンドルをしっかりにぎり、足をふんばってスロープをのぼっていく。乗っている人は、うしろで介助している人のようすがちょっと気になるみたい？

スロープをくだるときはうしろむきだね。声をかけてあげると、乗っている人も安心。

うしろむきのまま、ゆっくりひいていこう！　いきおいがつきすぎないように注意してね。

段差をこえる練習

マットの段差は4cmあるので、おしてものりこえられないよ。

ティッピングレバーを足でふんで、前にあるキャスターをあげよう。

キャスターがマットの上にのったら、ゆっくりおして後輪ものせよう。

車いすで実際の道路を走行する体験

いよいよ、町のなかを車いすで走行する路上体験です。「乗る人」と「介助する人」の2人がひと組になって、小学校から西荻窪駅までを往復します。

駅にいくには、交通量の多い道路や、歩道のないせまい道、障害物の多い商店街をとおらなければなりません。車いすの操作にとまどいながらも、みんな慎重にすすんでいきました。スロープをのぼって駅の構内に到着したら、乗る人と介助する人が交代。出発から1時間で小学校に到着です。ふつうは往復で40分なので、ずいぶん時間がかかりました。

校門の段差では、車いすをうしろむきにして、ゆっくりとおりた。

車いす路上体験のコース

学校にもどったら、車いすをたたんでおしまい。

左右をよくみて、横断歩道をわたる。

じゃり道はすすみにくいね。

路側帯のある道路も右側通行。

工事現場にはじゅうぶんに気をつけて！

商店街はせまくて、障害物が多いよ。

スロープをのぼって、やっと駅に到着。

第2章
車いすとバリアフリー

車いす使用者の不便をなくす
～ バリアとバリアフリー ～

車いす使用者が感じるバリア

車いすに乗って家の外にでてみると、じゃりがしかれた道をうまくすすめなかったり、入り口が階段になっている店にはいれなかったりして、不便を感じることがあります。このように、人がなにかをしようとしたとき、それをさまたげるものを「バリア（障壁）」といいます。

バリアは、道路や建物の設備などといった目にみえるものだけではありません。たとえば、車いすを使用していることを理由に入学試験がうけられないとか、就職をことわられるといったこともバリアといえます。

わたしたちの社会には、さまざまなバリアが存在しています。バリアによって多くの人が社会参加をはばまれていることに気づき、みんなでなくしていくことがたいせつです。

障害者の社会参加をさまたげる「4つのバリア」

体に障害のある人の社会参加をさまたげるバリアは、おもに4つに分類されます。

物理的なバリア
通路の段差や、幅のせまい出入り口、通行をさまたげる障害物や路上放置自転車などといった物体によるバリア。

のりこえられない段差

制度的なバリア
体に障害があることを理由に、入学や就職、資格取得を制限するなどといったルールや制度によるバリア。

不合理な受験の規則

文化・情報面のバリア
耳や目に障害があると、文化や情報がはいりにくく、入手するための方法もかぎられているといったことによるバリア。

聞こえない放送

心のバリア
障害のある人を差別したり、こまっている人がいても無関心な態度をとったりする心理面のバリア。「心の壁」ともいう。

心ない言葉

バリアフリーへの対応

社会のなかにあるバリアをとりのぞくことを「バリアフリー」といいます。この言葉は、もとは障害物をとりのぞくという意味で、建築用語として使われていました。

さらにいまでは、体に障害のある人や子ども、高齢者、妊婦など、広く社会的に弱い立場にある人たちにとってのバリアをとりのぞくといった意味で使われています。

2006（平成18）年には「バリアフリー法」がさだめられました。この法律は、それまでにあったバリアフリー対策についての法律をひとつにまとめ、さらに対象となる人や施設・設備の範囲を拡大したものです。これによって、より多くの商業施設や公共交通機関、道路などのバリアフリー化がすすめられてきました。

身近なバリアフリーをさがしてみよう

通学路や駅のまわりなどを調べて、バリアフリーに対応しているものをみつけてみましょう。

スロープ（▶p.44）
段差をなくすためにもうけた、ゆるやかな斜面。

歩行者と自転車を区別した歩道（▶p.33）
歩行者と自転車が区別されている安全な道路。

青延長用押ボタン（▶p.34）
目の不自由な人などのために、信号機の青色の時間を長くするボタン。

動く歩道（▶p.39）
水平にすすむエスカレーター。のっているだけで移動できる。

障害者用駐車スペース（▶p.42）
車いす使用者が自動車から乗り降りしやすい広さのある駐車スペース。

多機能（多目的）トイレ（▶p.36・37）
車いす使用者やオストメイト（▶p.36）などが利用しやすいトイレ。

道路のバリアフリー

車いすに乗って道路を通行するときは、歩行者とおなじように歩道をすすみます。さまざまな人がいきかう路上で、車いす使用者は、どのようなことをバリアと感じるのでしょうか。安全に通行するための設備やくふうも紹介します。

道路にあるさまざまなバリア

車いすで道路を通行するとき、たとえば、歩道の道幅のせまさを不便だと感じることがあります。一般の歩行者にはじゅうぶんな道幅のある歩道であっても、車いすでは通行しにくいことがあるからです。また、道幅は広いのに障害物がじゃまをしていて通行しにくいことや、通行できないこともあります。歩道の電柱や放置された自転車、店の看板などがバリアとなり、車いすの通行をさまたげている場合もあります。

道路は舗装された平坦なところばかりではありません。坂道であったり、舗装されていないじゃり道であったりもします。坂道をのぼるには大きな力が必要ですし、じゃり道では車いすをじょうずにコントロールしなければなりません。一般の歩行者なら気にならないような道路でも、車いす使用者にとってはバリアとなることがあるのです。

じゃり道
舗装していない小石が多い道路。車いすがガタガタして通行しにくい。

段差
車道と歩道をわける縁石の段差。車いすではのりこえにくい。

電柱
歩道や路側帯にある電柱。車道をとおらなければ前にすすめない。

レールのすきま
踏み切りにあるレールのすきま。車いすの前輪がはまるおそれがある。

かたむき・でこぼこ
傾斜や変形のある歩道、道路工事のあとの段差などは通行しにくい。

歩道も路側帯もない道路
自動車や自転車がそばをとおることがあって危険。

歩道の道幅を広くする

歩道は歩行者が通行するところです。歩行者には、歩く人のほか、車いすを使う人やベビーカーをおす人、つえや歩行器（▶p.74）を使う人もふくまれます。道路標識（▶p.21）の指示などによっては、自転車が通行することもあります。

歩道の道幅がせまいと、歩行者と車いす使用者の距離が近くなり、安全に通行できません。人通りの多い場所では、道幅を広くする工事がすすめられています。

道路に自転車専用の部分をもうける

自転車が歩道を通行し、歩行者や車いす使用者と接触する事故があとをたちません。

こうした事故をふせぐために、歩道に自転車の走行部分をしめしたり、車道に自転車専用通行帯（自転車レーン）などをもうけたりした道路があります。このような道路では、車いすを使う人も歩道を走行しやすく、接触事故にあう危険が少なくなります。

じゅうぶんな道幅のある歩道。通行しやすく、すれちがうときにも接触するなどの危険が少ない。

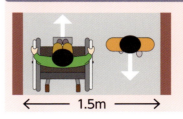

車いすと歩行者がすれちがう

車いすと歩行者がすれちがうには、約1.5mの道幅が必要になる。車いす同士であれば約2mが必要。

歩道橋にスロープ、エレベーターをつける

歩道橋（横断歩道橋）は、交通量が多い道路や、複数の車線がある道路などをわたるために設置されています。かつては階段だけの歩道橋がほとんどで、車いすでは利用できませんでした。

いまでは、スロープやエレベーターがついたものもふえてきました。とくに、エレベーターつきの歩道橋は、車いす使用者や高齢者などでも不自由なく使うことができます。

歩道のうち、自転車が通行できる部分を標識と舗装のちがいでしめしている。

車道にもうけられた自転車専用通行帯。自転車は歩道を通行できない。

エレベーターつきの歩道橋。大きな駅の周辺や、幹線道路が交差する場所などに設置されている。

歩道と車道との段差を2cmにする

歩道と車道が接する境界にはコンクリートブロックがうめられていて、わずかな段差があります。たとえば、右の写真のように、歩道から横断歩道につながる部分です。

この段差は2cmにするようにきめられています。車いす使用者にとって、段差はまったくないか、もっと低いほうがよいですが、白杖を使う目の不自由な人は、この段差に白杖がふれた感覚で歩道と車道の境界を認識するので、段差がないとこまります。そのために2cmの段差がもうけられているのです。

歩道と横断歩道との段差は2cmある。これより高いと車いすでのりこえるのがむずかしくなり、低いと目の不自由な人が白杖で認識しにくくなる。

※点字ブロック……目の不自由な人を誘導するために地面や床面にしかれた、突起のあるブロック。正式には「視覚障害者誘導用ブロック」という。

信号機の押しボタンを青延長用にする

高齢者や目の不自由な人、車いすの操作になれていない人などは、横断歩道をわたるときに時間がかかり、信号機が青色のあいだにわたりきれないことがあります。

「青延長用押ボタン」のついた信号機は、青色の点灯時間を長くする装置をそなえたものです。ボタンをおすと、青色の点灯時間が2割ほど長くなるので、わたるのに時間がかかる高齢者などでも、わたりやすくなります。

「青延長用押ボタン」と「歩行者用押ボタン」。青延長用押ボタンは、青色の点灯時間をのばし、歩行者用押ボタンは、信号を赤色や黄色から青色にかえる。

歩道におかれためいわくな障害物

歩道にとめられた何台もの自転車。歩行者は自転車をさけて歩いていけますが、車いす使用者は先にすすめません。路上に自転車を放置しておくのはマナーの問題であるとともに、法律違反を問われかねません。自転車はかならず、駐輪場などのきめられた場所にとめましょう。

歩道にはみだしておかれている商品や看板も同様です。歩道はみんなが利用するところです。歩行者や車いす使用者をはじめ、だれでも通行できるようにしなくてはいけません。

道路のバリアフリー整備

協力：京都市建設局道路建設部道路環境整備課

　だれもが安全に通行できる道路にするために、道路のバリアフリー整備がおこなわれた事例を紹介します。整備前と整備後をくらべて、バリアフリー化されたところを確認しましょう。

じゃまな電柱

道路にあった電柱をとりのぞき、電線類を地下にうめた。整備後は、歩行者や自転車の通行、救急車や消防車の通行がしやすくなり、景観もよくなった。

せまい歩道

歩道の道幅をひろげた。歩行者同士がすれちがうのにも不便なほどせまい歩道だったが、整備後は、車いす使用者と歩行者がならんで通行できるようになった。

歩道のない道路

歩道がなかった道路を整備して、新しく歩道を設置した。整備後は、車道と歩道のちがいがはっきりし、歩行者や車いす使用者が安全に通行できるようになった。

歩道のかたむきと段差

左側にかたむいていた歩道をたいらにし、歩道を横切るときの段差も小さくした。整備後は、車いすを使用している人の通行がとてもらくになった。

トイレのバリアフリー

　車いすに乗って外出したとき、いちばん気になるのはトイレのことだといいます。近年、車いす使用者や子どもづれ、高齢者などでも利用しやすい「多機能（多目的）トイレ」がふえてきました。このトイレのもつ機能を知っておきましょう。

外出をさまたげるバリア

　車いす使用者にとって、トイレは大きなバリアになります。家のなかでトイレを使うときにも困難な場合がありますが、とくに外出するとき、目的地に車いすに対応したトイレがない場合には、外出を思いとどまらせるほどです。

多機能トイレの普及

　役所や病院、駅、デパート、公園など、公共の建物や多くの人が利用する施設では「多機能（多目的）トイレ」の設置がすすめられてきました。名前がしめすとおり、多くの機能をそなえたトイレで、車いす使用者や高齢者、子どもづれ、オストメイト（人工肛門・人工膀胱をつけた人）など、さまざまな人たちが利用できるようにくふうされています。

　一般的な多機能トイレには、おもに３つの設備があります。

　まずは、「車いす使用者のための設備」です。便座の横には、車いすから便座に体をうつす（「移乗」という）ときにつかむ手すりがついていて、トイレ内は、車いすのむきがかえられるだけの広さがあります。つぎに「乳児のための設備」です。赤ちゃんのおむつ交換台や、乳幼児をすわらせておくいす（ベビーチェア）があります。そして、「オストメイトのための設備」として、袋にたまった排泄物を洗いながす流し器具があります。

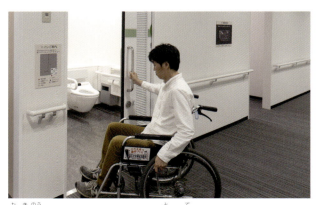

多機能トイレの入り口。ドアの取っ手は大きく、つかみやすい。

ここがポイント！ 本当に必要な人が使えるように

　多機能トイレが知られるようになった一方で、車いす使用者が利用したいときに利用できないといった声があがるようになりました。さまざまな人が利用して、トイレが使用中になっていることがふえたのが原因のひとつです。そのため、車いす使用者やオストメイトの専用設備をもつトイレをもうける動きが高まっています。機能によってトイレをわけることにより、広さや設備がじゅうぶんでなければ利用できない車いす使用者やオストメイトは、もっと利用しやすくなります。

車いす使用者などが利用できるトイレ

多機能（多目的）トイレには、車いす使用者をはじめ、体の不自由な人や病気にかかっている人などにとって便利な設備がもうけられています。

※ここに紹介する設備が、すべての多機能トイレにそなわっているわけではありません。

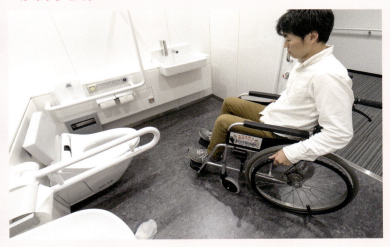

トイレにあるマーク（例）
トイレの入り口にマークで表示されていることが多い。日本語が読めない外国人でもわかりやすい。

車いす使用者やすべての障害者／オストメイト／赤ちゃんや小さい子どもをつれた人／高齢者

入り口のドア 手で横にひらく手動タイプ（上の写真）や、押しボタン式・タッチ式の自動ドアなどがある。入り口の幅が広く、車いすでもよゆうをもって出入りできる。

自動ドアの押しボタン ボタンが大きいので、だれでもおしやすい。

オストメイト設備 袋にたまった排泄物をすてる流し台。シャワーがついているので、腹部や袋を洗うこともできる。

呼び出しボタン 音やライトの点灯により、緊急事態を外部に知らせるための非常ボタン。具合がわるくなったときなどに使う。

おむつ交換台 壁に固定された台や簡易ベッド。乳幼児のおむつがえのときに使用する。子どもの落下をふせぐためのベルトがそなわっている。

ベビーチェア 乳幼児をすわらせるいす。保護者が用をたすときに使う。

乗り物のバリアフリー　鉄道

　乗り物を利用すると、車いすでの行動範囲は大きくひろがります。鉄道やバスなどの公共交通機関のバリアフリー対応からみていきましょう。

車いすで電車に乗る

　車いす使用者が電車に乗るときは、駅員の介助が必要な場合もあります。車両とホームのあいだにすきまや段差があって危険だからです。

　乗車駅に着いたら、改札口で駅員に行き先を伝えます。また、乗車する時刻や降車駅、介助者の同行などについても伝えます。乗車の手配がととのったら、駅員の誘導でホームまで移動します。

　電車が到着すると、駅員がホームと車両のあいだにスロープ（渡り板）をわたします。車いす使用者は、その上をわたって車内に乗りこみます。車いす専用のスペースがもうけられている車両であれば、そこに移動することもあります。

　降車駅に到着したら、あらかじめホームに待機していた駅員がスロープをわたして、電車をおりる手だすけをします。

　車いすでの電車の利用は、時間帯や列車の運行状況によって、乗車や降車がスムーズにできないことがあります。希望する時刻に到着したいときは、はやめの行動がだいじです。

　また、新幹線や特急列車などに乗る場合には、事前の予約が必要になることがあります。本来は、駅員の介助なしで乗車できるように、駅の段差や車両が改良されていくことが必要です。日本の鉄道にもはやく、そのような駅や車両がふえることがのぞまれます。

電車の乗りかた（駅員による介助が必要な場合）

❶改札口で駅員に行き先などを伝える。乗車券については、料金の割引をうけられる。

❷駅員の誘導でホームへむかう。駅によっては、エレベーターや車いす対応のエスカレーターを使う。

❸電車が到着したら、駅員がとりつけたスロープをのぼって乗車する。降車も同様におこなう。

車いすに対応した駅や電車の設備

車いすでも鉄道が利用しやすいように、鉄道会社では駅や電車内のバリアフリー化に力をいれています。高齢者や子ども、目の不自由な人などもふくめ、だれでも利用しやすい駅をめざしています。

※設備の設置状況は鉄道会社や駅によってちがいます。

タッチパネル式券売機 券売機の下には、車いす使用者が足をいれられるスペースがある。

車いすからとどく高さ
ここに足がはいる

幅が広い通路　ふつうの通路

幅広（ワイド型）自動改札機 改札機の通路の幅が広いと、車いすに乗ったままで通過できる。ベビーカーをおす人や、盲導犬や介助犬をつれた人なども通過しやすい。

エレベーター 車いすでの垂直方向の移動にはかかせない。外から内側がみえるエレベーターは安心・安全。

東京メトロ

車いす用階段昇降機 階段の壁に設置したレールにそって、車いす使用者をのせたかごが移動する。

動く歩道 歩行者の移動をたすけ、車いすに乗ったままでも利用できる。

東京メトロ

スロープ 手すりのついたゆるやかな坂道。階段やエスカレーターを利用できない高齢者や、車いす使用者でも移動しやすい。

東京メトロ
この3枚がたいら

車いす対応エスカレーター 数枚のステップを一時的にたいらにすることで、車いすに乗ったままエスカレーターを利用できる。

電車内の車いす対応スペース 電車内の一部にもうけられた座席のない場所。低い位置に手すりがあり、車いすに乗っていてもつかみやすい。同伴者用のベンチがあると、さらに利用しやすい。

乗り物のバリアフリー　バス

車いすでノンステップバスに乗る

　市街地などを運行する路線バスは、身近な公共交通機関のひとつです。乗降口を低くし、乗降ステップをなくした「ノンステップバス」の導入がすすんでいます。

　従来のバスは、乗降口に一段か二段のステップがありました。そのステップをなくし、さらに、地上から乗降口までの高さを30cm以下にしたのがノンステップバスです。

　車いすでバスに乗るときは、とりつけたスロープをのぼって、そのまま車内の車いす乗車スペースにすすみます。車いすをおりたり、折りたたんだりする必要はありません。乗降口が低いので、高齢者や小さな子どもなど、だれでもらくに乗り降りができます。

このページの写真・画像提供：東京都交通局

ノンステップバス　東京都内を走る都営バス。2013（平成25）年には、すべての車両がノンステップバスになった。

低い乗降口　車いす使用者が乗り降りするときは、車内からスロープをだしてとりつける。

車いす乗車スペース　座席を折りたためば、車いすを2台まで乗せられる。車いすを固定するフックや安全ベルトも装備されている。

車内がたいらな「フルフラットバス」

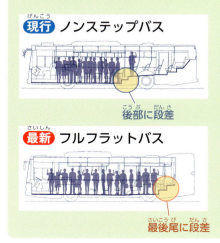

現行　ノンステップバス
後部に段差

最新　フルフラットバス
最後尾に段差

　現行のノンステップバスはバリアフリーに対応していますが、車内後部に大きな段差があり、乗り降りに時間がかかる原因にもなっています。

　2018（平成30）年秋から導入のフルフラットバスは、奥のほうまでほぼ段差がないタイプです。

乗り物のバリアフリー　飛行機

空港・飛行機の充実した対応

　空港や飛行機にも、車いす使用者が利用しやすい設備や、不便さを解消するためのサービスがあります。

　東京国際空港（東京都大田区）には、自動車やバスでやってきた身体障害者のための乗降場が複数設置されています。専用の広いスペースが利用できるので、車いすでの乗り降りが安全にできます。空港内には、案内スタッフの「エアポートコンシェルジェ」が巡回。サービス介助士の資格をもったスタッフもいて、援助が必要なことがあったり、こまったことがあったりしたら相談できます。

　飛行機の機内にもくふうがあります。機体によっては、車いすのままはいれるトイレが設置されていて、航空会社が用意した機内用車いすで利用できます。

身体障害者専用乗降場　ここでバスや自動車からおりて、車いすで空港内にすすむ。

ターミナル連絡バス　旅客ターミナル間を運行するバスは、車いすで乗車ができる。

動く歩道　車いすでの旅客ターミナルなどへの移動は、連絡通路と平行して設置された動く歩道が利用できる。

エアポートコンシェルジェ　旅客ターミナル内を巡回し、援助の必要な人をサポートしている。

飛行機の機内

原則として、飛行機内では航空会社が用意した機内用車いすを使い、個人所有のものは手荷物としてあずけます。

機内用車いす　幅がせまくつくられているので、機内の通路でも移動できる。たたむとコンパクトになる。

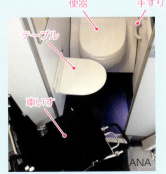
車いす対応トイレ　機内用車いすで利用できるトイレ（化粧室）がある。

乗り物のバリアフリー　福祉車両・UDタクシー

車いすに対応した介助用自動車

高齢者や体の不自由な人をささえるための特別な機能をもった自動車を「福祉車両」といいます。車いすのまま乗りこめる介助用のものや、車いす使用者が自分で運転するための装置をとりつけたものなど、目的に応じた車両があります。車いす使用者や高齢者のなかには、自分の力で座席にすわることのできない人も少なくありません。そういった人が自動車に乗るには、乗り降りをサポートする機能をそなえた自動車が役立ちます。

たとえば、座席がリフトのように動く昇降機能があれば、車いすから座席への移乗が安全にできます。また、車高が高く、後部にスロープが装備されている自動車であれば、車いすのまま乗車できます。

こうした機能は、車いす使用者にとって便利であるだけでなく、介助する人の負担を軽減することにも役立っています。

助手席が回転しながら上下する自動車

スイッチをおすと助手席が回転し、車両の外へと下降移動して、車いすから移乗しやすい高さでとまる。移乗したら、回転しながら、もとの助手席の位置までもどる。

本田技研工業

回転しながら上下する。　車いすは後部につみこむ。

車いすで乗りこめる自動車

車体後部にスロープが装備されている。ベルトを車いすにとりつければ、電動でベルトをまきあげて、車いすを車内へひきあげてくれる。

本田技研工業　スロープ

障害者用駐車スペース　車いす使用者が自動車に乗り降りしやすいように、幅が広くなっている。

手動で加速・減速できる運転補助装置

　足が不自由な人であっても、道路交通法のさだめる条件をみたしていれば、自動車の運転免許を取得することができます。

　運転するときに、足を使ったアクセル（加速装置）やブレーキ（減速装置）の操作がむずかしい場合は、手で操作できる運転補助装置をとりつける方法があります。この装置を自動車に装備すれば、コントロールグリップをにぎった左手で、アクセルとブレーキの操作が可能になります。

　運転補助装置には、手を使わず、両足だけで操作できるものもあります。

ミクニ ライフ＆オート

運転補助装置をとりつけた運転席。右手でにぎった「ハンドル旋回ノブ」をまわすことで、ハンドルの操作ができる。左手でにぎった「コントロールグリップ」を手前にひくと加速し、前方へおすと減速する。

駐車ブレーキペダルにとりつけた「駐車ブレーキ手押しレバー」によって、手で駐車ブレーキをかけることができる。

だれでも利用しやすい「UDタクシー」

　体の不自由な人や高齢者などを支援するタクシーは、UDタクシーや福祉タクシーなどとよばれています。UDタクシーの「UD」とは、ユニバーサルデザイン（▶p.47）を省略した言葉です。だれもが利用しやすいタクシーという意味で使われます。

川崎タクシー

UDタクシー　一般のタクシー料金と同額で、車いすやベビーカー、大きな荷物をつみこむことができる。

川崎タクシー　スロープ

車両の後部からひきだしたスロープによって、車いすに乗ったまま乗車できるUDタクシーの例。ベビーカーも折りたたまずに車内に収納できる。

家のバリアフリー

　車いすは、体の不自由な人が少しでも快適に行動できるように、使用者本人にあわせてつくられています。車いす使用者の家はどうなっているのでしょうか。家のなかのバリアフリー対策をみてみましょう。

玄関まわりと玄関

　玄関の入り口までがゆるやかな坂道の「スロープ」になっていると、車いすでのぼりおりができます。段差がわずかしかないときは、「段差プレート」などを使って対応できます。段差が大きいところでは、長いスロープや「段差解消機」をもうけなければなりません。

　玄関まわりにスロープや手すりがあると、高齢者も利用しやすくなります。

車いす使用者が出入りしやすい家の玄関。ゆるやかなスロープは、車いす使用者や高齢者にやさしい。

車いすに乗ったまま、スイッチひとつで上下に移動できる装置。段差が大きいわりに敷地がせまく、スロープが設置しにくいときなどに便利。玄関の上がりがまちの段差の解消にも使われる。

段差プレートは、ちょっとした段差の解消に役立つ。

玄関の壁に手すりがあると、足の不自由な人や腰をいためた人の移動に便利。また、玄関に台やいすがおいてあれば、くつをぬいだり、はいたりするのがらくになる。

とびら

　家の玄関や部屋のとびら（ドア）は、取っ手をにぎって前後に開閉する「開き戸」よりも、横にひく「引き戸」のほうが、車いす使用者には負担が少ないといえます。間口が広く、取っ手の大きな引き戸なら、出入りもしやすくなります。

間口が広く、取っ手を横にひく引き戸。車いすでの出入りがしやすい。

カフェなどによくある「おすタイプ」や「ひくタイプ」の開き戸は、車いすでの出入りがむずかしい。おすとドアがもどってきてしまい、ひくとドアが車いすにぶつかってしまう。

階段

　車いすでの階段ののぼりおりは、かなりの困難をともないます。車いすからおりて、家族や介助者に背負ってもらうことができたとしても、転落する危険があります。
　車いすに乗ったまま上階と下階を移動する方法としては「ホームエレベーター」や「階段昇降機」があげられます。

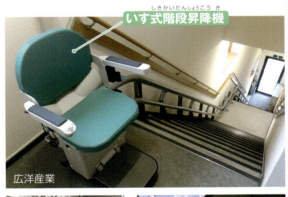

一般住宅に設置できる「ホームエレベーター」。車いすに乗ったままで利用できる。介助はほとんど必要なく、安全性も高い。

「いす式階段昇降機」は、いすにすわって上下階を移動するための装置。車いすに乗ったまま利用する「車いす用階段昇降機」（▶p.39）は、駅などに設置されていることがある。

寝室

車いすと寝具間の移乗は、毎日おこなう動作です。ベッドの高さは、車いすのシート面とおなじくらいあるので、布団よりも移乗がしやすいといえます。ベッドにサイドレール（手すり）がついていると、手の力で体をささえることができて便利です。

介護用電動ベッドは、スイッチをおすと背の部分がもちあがり、上体をおこしてくれます。車いすから移乗しやすいように、ベッドの高さを調節できるタイプもあります。

トイレ

トイレの出入り口に段差がなく、ドアの開け閉めがしやすいと、車いすでの出入りが容易になります。車いす使用者は和式便器を使うことができないので、洋式便器が必要です。また、便器にうつるときに体をささえるための便座両側の手すり、すわった姿勢をささえるための背もたれなども必要です。

介護用電動ベッド 電動で背の部分がもちあがる。つかみやすい位置にサイドレールがある。

風呂場

体を洗うときは、浴室用（水まわり用）の車いすを使うことがあります。室内用の車いすから乗りかえ、衣服をぬいだら、そのまま浴室に移動できます。浴室用の車いすは、水にぬれても問題ありません。

入浴を支援する機器には入浴介助用リフトもあります。リモコンスイッチの操作でシートが上下し、入浴ができます。

水まわり用車いす 浴室で使用する車いす。乗ったままでシャワーをあび、体を洗うことができる。
TOTO

洋式トイレ 使いやすい位置に手すりやトイレットペーパーが配置されたトイレ。手すりをつかみ、体をささえながら便座にうつる。

入浴介助用リフト 電動でシートが昇降する機器。シートに腰をおろしてからスイッチをいれると、シートがさがって、お湯につかることができる。
TOTO

ユニバーサルデザインとは？

　ユニバーサルデザイン（UD＝Universal Design）とは、年齢や性別、能力などに関係なく、すべての人にとって使いやすく、わかりやすいように環境や製品、サービスなどをデザインするという考えかたです。ユニバーサルデザインは1985年にアメリカでうまれ、1997年に、ユニバーサルデザインの7原則※がきめられました。

※「公平であること」「柔軟に選択できること」「かんたんに使えること」「わかりやすいこと」「エラーが少ないこと」「効率がよいこと」「一人ひとりのサイズにあうこと」の7つ。

役所の記載台　台の高さにちがいがあって、低いほうでは、子どもや車いすに乗った人でも書類に記入できる。

エレベーターの押しボタン、手すり、鏡　大きめの押しボタンが低い位置にもあり、子どもや車いす使用者でも操作しやすい。手すりがあるので、高齢者などが体をささえやすい。鏡がついていて、車いすでうしろむきにおりるときに確認しやすい。

分別しやすいごみ箱　いれるべきごみのイラストがえがかれ、全体の高さや投入口の形状、大きさ、ラベルの色が、すべての人にわかりやすいようになっている。

シャンプーの容器　側面に「きざみ」とよばれるでっぱりがあるので、目の不自由な人が手でふれたときに、リンスではなく、シャンプーの容器だとわかる。

牛乳パック　上部に「切り欠き」がある。目の不自由な人は、これにふれることで、牛乳とほかの飲み物を区別することができる。「あけぐち」は、切り欠きの反対側にある。

ワイドスイッチ（右）　以前は左のスイッチがよくみられたが、いまは右のタイプが多い。ボタンが大きいと、手の不自由な人でもおしやすい。

アルコール飲料の缶　上部には、目の不自由な人がわかるように、点字で「おさけ」と刻印されている。子どもがジュース類とまちがえないように、側面には「お酒」の文字が印刷されている。

車いすで楽しもう！

車いす使用者にも、みんなとおなじように外出して、いろいろなことを楽しみたいと思っている人がたくさんいます。家の外のバリアは少しずつ見直され、車いすで楽しめる施設はしだいにふえてきました。

複合商業施設

車いすで買い物にでかけるとき、気になるのは店までの移動のことや、施設のバリアフリーへの対応状況です。ショップやレストラン、映画館などが集まる「東京ミッドタウン日比谷」（東京都千代田区）の設備をみてみましょう。

駅直結の利便性と広い店内

地下鉄の日比谷駅に直結しているので、雨にぬれることなく施設内にはいれる。改札口をでたあとは、段差のない地下通路やエレベーターを使ってスムーズに入店が可能。

駅からエレベーターやスロープを使って、地下通路を移動。

地階の飲食店街「日比谷アーケード」は、災害時の一時避難場所にもなる。通路が広いので、車いすでも快適に移動できる。エレベーターで上階へ。

店内の通路はゆったり。車いすでもじゅうぶんの幅がある。

バリアフリー対応設備

施設内には、地下1階から地上3階までの各階に、車いす使用者が利用できるトイレが設置されている。べつの階へ移動する必要がないので便利。

インフォメーションカウンター（1階）。館内の案内のほか、車いすの貸し出しもおこなっている。

手すり　カーテン

体の不自由な人のための専用駐車場（地階）。車いすでの乗り降りがしやすい。

車いす対応トイレ（3階）。手すりやオストメイト設備、おむつ交換台などを完備。カーテンの仕切りがあって、介助者が異性の場合への配慮がされている。入り口は開閉しやすい押しボタン式自動ドア（円内）。

複合映画館

最近の映画館は、車いす使用者でも安心して利用できる設備がととのっています。たとえば、「シネコン」とよばれる複合映画館で、10のスクリーンをもつ「新宿ピカデリー」（東京都新宿区）には、車いすでも鑑賞しやすいくふうがみられます。

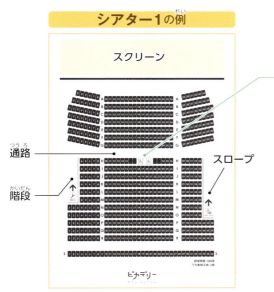

シアター1の例

車いす席

※車いす席の位置はシアターによってちがいます。

シアター（スクリーン）には車いす席が2席あり、介助者はとなりの席にすわれる。車いす席の前には広いスペースがあるので、着席・離席が容易で、緊急時にも避難しやすい。左右にある一般席はとりはずすことができ、最大で4台の車いすをならべて、いっしょに鑑賞できる。

タッチセンサー

車いす使用者が利用できるトイレ。入り口はふれるだけで開閉するタッチセンサー式。

スロープ

スロープ。シアターへの出入りは、段差のないスロープを利用する。

商品選択ボタン

ユニバーサル自動販売機。車いす使用者や子どもなど、最上段のボタンに手がとどかない人でも、低い位置にあるボタンをおして商品を選べる。

大型スーパー

ふだんの買い物でよく利用されるスーパーマーケット。大型スーパーの「イトーヨーカドー」は、売り場や通路が広く、ゆっくりと買い物ができます。店舗によっては、車いすのまま利用できる試着室が用意されています。

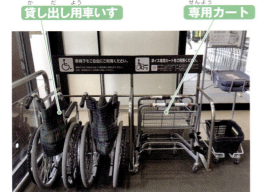

貸し出し用車いす　専用カート

貸し出し用車いすと専用カート。専用カートは、車いすの前部にとりつけて使用するキャスターつきの便利なかご。

試着室コーナー

試着室コーナーにある「ゆったり試着室」。一般的な試着室の約2倍の広さがあり、車いすのままで利用できる。内部にはベンチや手すりも設置されている。

ゆったり試着室　手すり　ベンチ

広い公園

広大な面積をもつ公園では、四季折々の植物や風景を楽しむことができます。ただし、敷地が広いために移動距離が長く、楽しむには設備などの事前調査が必要です。国営昭和記念公園（東京都立川市・昭島市）の車いす対応をみてみましょう。

バリアフリー対応をしめした園内マップ

園内マップ（地図）によって、来園者にバリアフリー対応を案内している。のぼり坂・くだり坂の勾配（傾斜）がきついと、車いすでの通行がむずかしいことがあるが、マップをみれば通行可能かどうかがわかる。車いすで使用できるトイレがひと目でわかるようになっているマップもある。ほかに、車いすで利用できるレストランや案内所などの場所がわかるようなマップや、移動にかかる時間のめやすがわかるマップなどもある。

●車いすで園内通路の通行が可能かどうかがわかる

園内勾配マップ
勾配（傾斜）の程度をもとに、車いすでの通行が可能かどうか、線の色で表示されている。

●車いす使用者が利用できるトイレがわかる

多機能（多目的）トイレマップ
多目的トイレの場所が●で表示されている。とくに、「はいりやすい」「わかりやすい」を基準として選んだトイレは●で表示されている。

障害のある子どもが楽しめる遊具

障害のある子どもと健常の子どもがいっしょに遊べて、交流できる遊具がいくつかある。車いすのまま遊べる遊具は、ほかの公園ではあまりみられない。

「ゆらゆらブランコ」（右）は、弱い力でもゆれる。体を固定するベルトを使うこともできる。

車いすに乗ったまま遊べる「わんぱくゆうぐ」（上）。「ふわふわドーム」（右）は、ドームの上に乗って遊ぶ遊具。車いすから移乗しやすいつくりになっている。

ホテル

旅の楽しみは観光や食事のほか、宿泊をするホテルや旅館にもあります。「ザ・プリンス パークタワー東京」（東京都港区）では、車いす使用者が利用しやすいように配慮した「ユニバーサルルーム」が用意されています。

ユニバーサルルームからのながめ。客室の方角によって、緑ゆたかな芝公園や東京タワーがみえる。

車いすでもじゅうぶんな広さがあるユニバーサルルーム。ベッドのあいだも広く、車いすからベッドへ移乗しやすい。照明などのスイッチ類は低い位置にある。

通常よりも低めにつくられている洗面台。下部に足がはいるスペースがあり、車いすに乗ったまま利用できる。

車いすのむきをかえる広さがあるトイレ・浴室。入り口には段差がないので、スムーズに出入りできる。オストメイト設備をそなえたトイレもある。

野球場

プロ野球の迫力あるプレーは野球場で観戦したいもの。MAZDA Zoom-Zoom スタジアム広島（広島県広島市）には、できるだけ多くの車いす使用者にプロ野球観戦を楽しんでもらえるようにと、たくさんの車いす席がもうけられています。

左の図の A～F が車いす席の場所。球場全体で6種類、あわせて142席ある。

外野（左）と内野（上）にある車いす席。介助者のためのいすも用意。車いす専用のレインコートやブランケットの貸し出しもおこなっている。

こまったときには、ホスピタリティスタッフがサポートしてくれるので、安心して観戦できる。

楽しもう！車いすスポーツ

　車いすを使っておこなうスポーツ競技はいろいろあり、多くの人が楽しんでいます。一般の競技種目のルールを車いす用に一部変更したり、競技専用の車いすを使ったりして、それぞれのスポーツ競技に取り組みやすいようにくふうされています。

障害者スポーツセンター

　障害者スポーツセンターは、障害のある人のためのスポーツ・文化施設で、全国に多数あります。一般の人も利用することができますが、基本的には障害のある人が優先されます。体育館やトレーニングルーム、プール、グラウンドなどのスポーツ施設がそなえられていて、多くはバリアフリーに対応しています。最寄り駅から、車いすで乗り降り可能な送迎用バスが利用できるところもあります。神奈川県横浜市にある「障害者スポーツ文化センター 横浜ラポール」を紹介します。

障害者スポーツ文化センター 横浜ラポール（神奈川県横浜市）
スポーツやレクリエーション、文化活動を通じて、障害者が健康づくりや社会活動に参加し、市民との交流が活発になることを目的としている。スポーツ教室や大会などが開催され、文化行事や交流イベントなども活発におこなわれている。

体育館
床暖房つきの体育館（メインアリーナ）。車いすバスケットボールや卓球などがおこなわれる。2階はウォーキングコース（左）。

屋外グラウンド
グランドソフトボールやサッカーなど、多目的に利用される。

避難用スロープ
建物の外側には緊急避難時のためのスロープがある。

車いす陸上競技

風をきってかけぬけよう！

車いす陸上競技チーム「横浜ラ・ストラーダ.Jr」の定期練習が、横浜ラポールの地下グラウンドでおこなわれました。冬に出場を予定している大会にむけて、持久力をつけるための練習です。参加したメンバーは、準備体操のあと、インターバル走や10分走などに取り組み、気持ちのよい汗を流しました。

この日の練習に参加した横浜ラ・ストラーダ.Jrのメンバーのみなさんと、コーチの久保田章さん（左奥）。

10分走のスタート。1周約160mのトラックを10分間走りつづける。走るペースは人によってちがうので、各自の目標にむけて練習に取り組む。

車いすをこぐ力は人それぞれ。自分がだせる力をめいっぱい使って走りぬく。

練習のあいまの休憩時間には、みんなで楽しいおしゃべり。汗をかいてすっきりして、自然に笑顔がこぼれる。

スピードをあげるときは、ハンドリムをまわす速度をあげる。腕だけでなく、上半身の力も使ってパワフルにまわす。

横浜ラ・ストラーダ.Jr

神奈川県を中心に活動している車いす陸上競技チーム。小学2年生から高校生までの子どもたちが所属している。横浜マラソンや日産カップ追浜チャンピオンシップなどに出場。チーム名の「ラ・ストラーダ」は、イタリア語で「道」という意味。

チームのTシャツ。大会参加時にはユニフォームになる。

コーチ
久保田章さん

電動車いすサッカー

パスをまわしてゴールをきめよう！

電動車いすサッカー（▶p.73）は、足ではなく、電動車いすにとりつけた「フットガード」でボールをけるサッカーです。競技は、バスケットボールのコートとおなじ大きさのピッチでおこない、ジョイスティックで車いすをたくみに操作してパスをまわし、シュートをはなちます。

横浜ラポールで、電動車いすサッカーチームの「横浜クラッカーズ」と「横浜ベイドリーム」の合同練習がおこなわれました。

合同練習に参加した選手のみなさん。赤と黒のユニフォームが横浜クラッカーズ、青いユニフォームが横浜ベイドリーム。どちらも神奈川県横浜市で活動するチーム。

電動車いすサッカーで使用するボール。直径は約32.5cmあり、ふつうのサッカーボールよりも約10cm大きい。

ゴールポストはポールやコーン。2本のゴールポストのあいだにボールを通過させるとゴール（得点）となる。

練習ではバッテリーの電力消費が多い。休憩時間には急速充電しておく。

パスの練習。ジョイスティックを操作して車いすを動かし、フットガードでボールをけってパートナーにわたす。

3チームにわかれて、試合形式の練習。センターサークルからのキックオフで試合がはじまる。

ボールをはげしくうばいあう。

ゴールの瞬間。

みごとにゴールをきめたときには、チームメート同士がフットガードを軽く接触させて、健闘をたたえあう。

障害者に関するマーク

　障害者や病気のある人のためのさまざまなマークです。バリアフリー対応の施設や設備であることなどをあらわすほか、身につけることによって、障害があることを周囲の人に知らせたり、障害について理解や支援をうながしたりします。

障害者のための国際シンボルマーク
障害者が利用できるようにつくった建物や施設であることをしめす世界共通のマーク。車いす使用者だけでなく、すべての障害者を対象としている。

ほじょ犬マーク
身体障害者補助犬法の啓発のためのマーク。公共施設や交通機関、レストランなどの民間施設は、身体障害者補助犬（盲導犬、介助犬、聴導犬／▶p.56）を同伴した人を排除してはいけない。

オストメイトマーク
人工肛門や人工膀胱を使っている人（オストメイト）のための設備があることをしめすマーク。オストメイトに対応したトイレの入り口などに表示されている。

ハート・プラスマーク
身体の内部（心臓・呼吸器、肝臓など）に障害や病気のある人をあらわすマーク。外見からは障害があることがわかりにくいことから、周囲に知らせるために持ち物などにとりつける。

盲人のための国際シンボルマーク
目の不自由な人のための世界共通のマーク。目の不自由な人の安全やバリアフリーに配慮してつくった建物や設備、機器などにつけられる。

白杖SOSシグナル普及啓発シンボルマーク
「白杖を頭の上50cm程度にかかげてSOSのシグナルをしめしている視覚障害者をみかけたら、すすんで声をかけて援助しよう」という運動のマーク。

耳マーク
耳が不自由であることをしめし、耳が聞こえない人、聞こえにくい人への配慮をうながすためのマーク。提示されたら、口もとがみえるように話す、筆談でやりとりするなどの配慮が必要。

ヘルプマーク
内部障害や難病の人、精神障害の人など、外見からわからない人が、援助や配慮が必要なことを周囲に知らせることができるマーク。

「レベル1」の認定をうけた一般車両

「レベル2」の認定をうけた一般車両

認定をうけていない車いす用スロープまたはリフトをそなえた一般車両

バリアフリー対応型の乗合タクシー車両

ユニバーサルデザイン（UD）タクシーマーク
ユニバーサルデザイン（UD）タクシーであることを判別するためのマーク。国土交通省のタクシーのUD認定制度に適合した車両には、種類に応じたステッカーをはることができる。

障害者のための補助犬

　体に障害のある人の生活をささえるために特別な訓練をうけた犬のことを「補助犬（身体障害者補助犬）」といいます。
　補助犬は「盲導犬」「聴導犬」「介助犬」という3種類の犬の総称です。身体障害者が社会参加しやすいように、法律にもとづいて訓練された犬が無料で貸し出されます。

身体障害者の体の一部となってささえてくれる補助犬たち。車いす使用者とともに行動することもある。左から介助犬、聴導犬、盲導犬。
写真提供：日本補助犬協会

補助犬

盲導犬
目の不自由な人といっしょに歩き、安全な歩行をささえる
例▶道路のはしをまっすぐすすむ。交差点や段差の前でとまる。障害物をよける。指示されたほうにまがる。目的の場所まで案内する。

聴導犬
耳の不自由な人に、日常生活で発せられる音を知らせる
例▶携帯電話の着信音を知らせる。玄関のチャイムや部屋のノックの音を知らせる。赤ちゃんの泣き声を知らせる。目ざまし時計や警報器の音を知らせる。

介助犬
手や足の不自由な人を手つだって、日常生活の行動をささえる
例▶床に落としたものをひろう。携帯電話やテレビのリモコンなどをとってくる。部屋のドアをあける。冷蔵庫から飲み物をもってくる。スリッパやくつ下をぬがせる。

補助犬をみかけたら

　路上やレストランなどで、補助犬をつれた人をみかけることがあります。しかし、かわいいからといって、犬の頭をなでたり、食べ物をあたえたりしてはいけません。
　補助犬はペットではなく、障害のある人たちにとっては体の一部です。生活するうえで、なくてはならないパートナーなので、気軽に接してはいけません。

補助犬に対し、してはいけないこと
- ▶話しかける。じっとみつめる。
- ▶頭やしっぽ、体をさわる。
- ▶音をたてるなど、気をひく行動をする。
- ▶食べ物や飲み物をあたえる。
- ▶行く手をさえぎる。

第3章
車いす図鑑
~標準・電動からスポーツ用まで~

この本では、車いすについて、つぎのように分類しています。

▶ **自走用車いす**……………ハンドリムあり、介助用ブレーキなし
▶ **介助用車いす**……………ハンドリムなし、介助用ブレーキあり
▶ **自走・介助兼用車いす**……ハンドリムあり、介助用ブレーキあり

※車いすの分類はメーカーによってちがい、製品カタログなどではべつの分類をしている場合があります。

病院や施設、日常生活で活躍
標準タイプの車いす

　個人で使うほか、病院や公共施設、介護施設などにおかれることの多い一般的な車いすです。自走用、介助用、自走・介助兼用があります。素材や機能、色、値段などもさまざまです。

標準タイプ　自走・介助兼用

自走用（左下）と介助用（右下）の利点をあわせもっている。自走するためのハンドリムと、介助者が使う手押しハンドル、介助用ブレーキをそなえている。

MiKi

標準タイプ　自走用

おもに自走するための車いす。介助者があつかうことも可能だが、介助用ブレーキはそなえていない。

カワムラサイクル

標準タイプ　介助用

使用者を乗せ、介助者があつかうための車いす。

カワムラサイクル

より活動的な人のために
アクティブタイプの車いす

　操作性や乗りごこち、デザイン性のすぐれた自走用の車いすです。タイヤのサイズは24〜25インチ（1インチ＝約2.5cm）程度と大きく、広範囲・長距離の移動や、アウトドアでの活動がしやすいようにくふうされています。

アクティブタイプ　折りたたみ式
本体のフレームを折りたたむことができる。

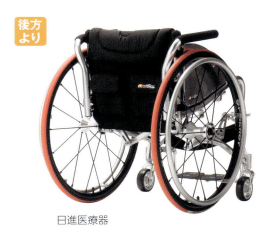
日進医療器

日進医療器

アクティブタイプ　固定式
本体のフレームを折りたたむことができない固定式だが、そのぶん強度にすぐれている。

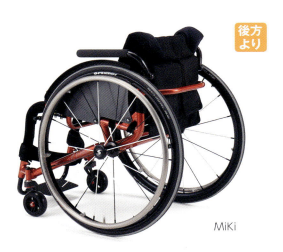
MiKi

MiKi

もちはこびやすく、小まわりがしやすい
軽量・コンパクトタイプの車いす

　標準タイプの車いすは13～15kgくらいの重さがあります。それに対して、軽量タイプは、素材をくふうするなどして軽くつくられたものです。コンパクトタイプは、せまい室内でも移動しやすいように小さめにつくられています。

軽量タイプ　自走・介助兼用

9～12kg程度と、もちはこびがしやすい重さの車いす。

自動車に車いすをつみこむようす。軽量タイプだと、つみおろしがらくになる。

右のひじかけをはねあげたところ

ひじかけ

カワムラサイクル

コンパクトタイプ　介助用

車輪などの部品が小さめにつくられていて、せまい通路や室内を移動しやすい。折りたたむと小さくなり、収納もしやすい。

右のひじかけをはねあげて、左のフットレストをはずしたところ

ひじかけ

フットレスト

MiKi

60

姿勢をらくにたもつくふう
角度調節機能つきの車いす

背もたれやシートの角度を調節できる車いすです。「リクライニング」は、背もたれの角度を調節する機能で、「ティルト」は、背もたれとシートの角度をたもったままシートの角度を調節する機能です。どちらも、車いすを長時間使用する人や、自分で姿勢をかえられない人の体への負担を少なくします。

リクライニング・ティルトタイプ

リクライニングとティルトの機能をあわせもった車いす。おしりや太ももにかかる重さが分散するので、長時間の使用でもつかれにくい。

介助用
背もたれ
シート

MiKi

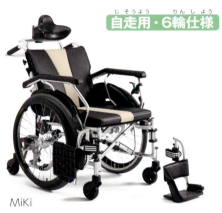

自走用・6輪仕様

MiKi

フルリクライニングタイプ

ほぼ水平の位置までリクライニングできる車いす。下の写真のように、ストレッチャー（車輪つきベッド）のように使うこともできる。

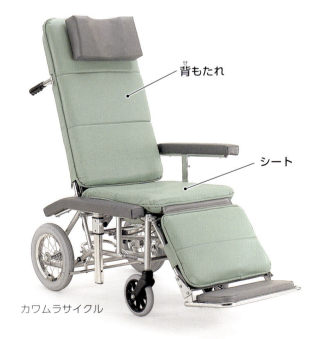

背もたれ
シート

カワムラサイクル

背もたれをたおしたところ

カワムラサイクル

第3章 車いす図鑑

モーターの力が移動をたすける
電動車いす

モーターで動く車いすです。手もとのジョイスティックなどを操作して、車いすをコントロールします。電動車いすの多くは自分で操作する自走用ですが、介助者が操作する介助用もあります。

標準タイプ

前後左右に自在に走行できる。小まわりも可能。

カワムラサイクル

リクライニング・ティルトタイプ

リクライニング（▶p.61）とティルト（▶p.61）の機能をあわせもった車いす。

ティルトさせたところ

カワムラサイクル

カワムラサイクル

電動ユニット装着タイプ

自走用の車いすに「電動ユニット（電動駆動装置）」をとりつけた軽量型。手動と電動を切りかえて走行できる。電動ユニットは、一般的な自走用車いすにとりつけることができる。

ジョイスティック

コントローラー部。ジョイスティックをたおすと走行する。バッテリー残量などの情報は液晶画面に表示される。

ヤマハ発動機

ヤマハ発動機

電動アシストタイプ

自転車の電動アシスト技術を車いすに応用したもの。自走用車いすに「電動アシストユニット」をとりつけたタイプになる。手でハンドリムをまわして走行するのは自走用車いすとおなじだが、そこにモーターの力がくわわるので、手や体にかかる負担が軽減される。坂道ののぼりおりや、長距離の移動がらくになる。

ヤマハ発動機

電動車いすで活動する人たち

おもに外出時に電動車いすを使用する岡崎祐子さん。必要に応じて、電動と手動が切りかえられるタイプを使用しています。

レバー
レバーで切りかえ

手動に切りかえれば、ハンドリムをまわして自走できる。

ジョイスティック
コントローラー
電動で走行するときは、手でジョイスティックを操作する。

日常的に電動車いすを使用する山本隼土さん。姿勢をたもちやすく、リクライニング機能をそなえたタイプを使用しています。

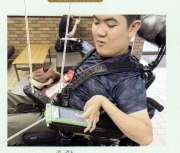
コントローラー
ジョイスティック
スマートフォン
ひじかけ部分にスマートフォンをとりつけて、いつでも操作できるようにくふうしている。

横断歩道を通行して、道路を横切る。道路に段差やでこぼこがあると、体に振動が伝わってくる。

第3章 車いす図鑑

子どもの成長や障害の程度にあわせる
子ども用の車いす

　子ども用の車いすにも自走用や介助用、自走・介助兼用があり、全体的に小型につくられています。子どもは体の成長がはやいので、個人で使用する車いすは、成長にあわせて高さなどを調整できるのが一般的です。ほかに、障害の程度に応じた特別な機能をそなえた車いすもあります。

子ども用標準タイプ　自走・介助兼用

自走するためのハンドリムと、介助者が使う手押しハンドル（グリップ）、介助用ブレーキをそなえている。写真は、転倒をふせぐためのバーがついたモデル。

MiKi

後方より
MiKi
転倒防止バー

子ども用標準タイプ　介助用

使用者である子どもを乗せ、介助者があつかうための車いす。写真は、振動をやわらげるクッションキャスターのついたモデル。

松永製作所

クッションキャスター

子ども用標準タイプ　自走用

おもに自走するための車いす。写真は、車輪が6つある室内用コンパクトモデル。

背もたれを折りたたんだところ

松永製作所

スポークカバー

背もたれを折りたたむと、室内のせまい場所でも収納できる。上の写真は、右の車いすの色ちがい（青）で、車輪にスポークカバーをとりつけたもの。

松永製作所

バギータイプ（▶p.76）

障害が重く、姿勢をたもつのがむずかしい子どものための車いす。シートの上で姿勢が安定するように、ベルトなどで体を固定できるようになっている。

日進医療器

姿勢保持タイプ

障害が重く、姿勢をたもつのがむずかしい子どものための車いす。昇降機能やティルト機能があり、介助者の目線にあわせることが可能。写真は、おもに室内で使用するモデル。

松永製作所

目的に応じたさまざまな機能をもつ
特徴のある車いす

　浴室で使用する車いすや、福祉車両（▶p.42）に乗せやすいようにつくられた車いす、ベルトをまわす方式の車いすなど、特徴的な機能をもつ車いすを紹介します。

入浴用車いす

浴室で使用する車いす。さびにくいステンレス製のフレームと、空気をいれる必要のないタイヤが使われている。使用するときは、衣服をぬいで入浴用車いすに移乗し、浴室にはいってシャワーをあびる。

右のひじかけをはねあげたところ

自走用
ひじかけ
MiKi

福祉車両専用車いす

福祉車両は、体に障害のある人が乗り降りや運転をしやすいようにつくられた自動車。車内で快適にすごすための専用車いすがある。写真は、スロープつきの福祉車両と専用車いす。

電動車いす
トヨタ自動車
スロープ

福祉車両の後部からスロープをひきだして乗車する。

介助用
トヨタ自動車

ベルト駆動式車いす

ベルト駆動方式を採用した自走用車いす。手で円盤状のハンドルをまわすと、ベルトでつながった車輪が回転するしくみ。ハンドリムの操作よりも小さい力で走行が可能。

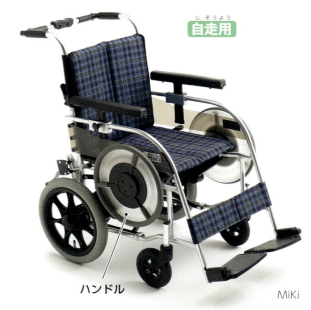

自走用
ハンドル
MiKi

起立機構つき車いす

使用者が立ちあがるのをささえる機構をそなえた車いす。シートや背もたれのかたむきがかわり、起立することができる。写真の電動車いすタイプでは、昇降レバーを操作して起立する。自走用車いすもある。

電動車いす　昇降レバー　起立時
日進医療器　日進医療器

足こぎ車いす

ペダルを足でこいですすむ自走用車いす。歩行できない人でも、一方の足が少しでも動かせれば、反射によって両足でペダルをこいで移動できる可能性がある。

足こぎ車いすを使って外出する使用者。

自走用
コントロールレバー
TESS

第3章　車いす図鑑

67

高齢で足腰が弱っても外出できる
電動カート

モーターで動く4輪または3輪の車いすです。「シニアカー」ともよばれ、足腰が弱ってきて長い距離の歩行や重い荷物をもつことがむずかしくなった高齢者や、足の不自由な障害者などが、外出するときに使用しています。

カワムラサイクル

ハンドルタイプ
ハンドルで操作する電動カート。家庭用のコンセントで充電して使用する。ヘッドランプやウインカー（方向指示器）、バックミラー、買い物かごなどをそなえている。

ジョイスティックタイプ
ひじかけ部分についているコントローラーのジョイスティックで操作する電動カート。写真は、4WD（四輪駆動）モデル。4つのタイヤすべてに駆動力があるので、坂道や段差などがあっても力強く走行できる。

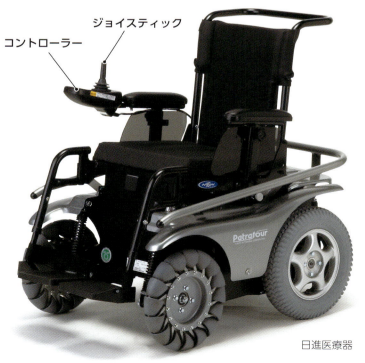

日進医療器

1秒でもはやく走りぬく
スポーツ用 車いす陸上競技用車いす

マラソンや長距離走、短距離走などの車いす陸上競技で使われる競技用車いすです。

- シート（ひざをまげてすわる。）
- ハンドリム
- ハンドルとブレーキ
- 前輪
- トラックレバー（前輪のむきをかえる。）
- 後輪

オーエックスエンジニアリング

車いす陸上競技専用に開発された3輪の車いす。「レーサー」ともよばれ、スピードをだせるように空気抵抗をおさえた構造をしている。フレームには、カーボンなどの軽くてじょうぶな材料が使われている。

競技紹介　車いす陸上競技

写真提供：日本パラ陸上競技連盟

　車いすを使った陸上競技には、競技場のトラックでおこなわれるトラック種目と、一般の道路を走るロードレース（車いすマラソンなど）があります。
　トラック種目には、短距離（100m、400mなど）、中距離（800mなど）、長距離（1万mなど）、リレーなどがあります。レースで使用される車いすは、前輪のつきだした3輪タイプが主流です。時速30km以上のスピードがでることもあり、安全のためにヘルメットの着用が義務づけられています。

400mレースのようす。選手は頭をさげて姿勢を低くし、空気の抵抗をおさえながらハンドリムをまわす。

69

ハの字型の車輪がバランスをたもつ
スポーツ用 車いすテニス用車いす

車いすテニスで使用する競技用車いすです。選手は車いすに乗り、ラケットをもってプレーします。

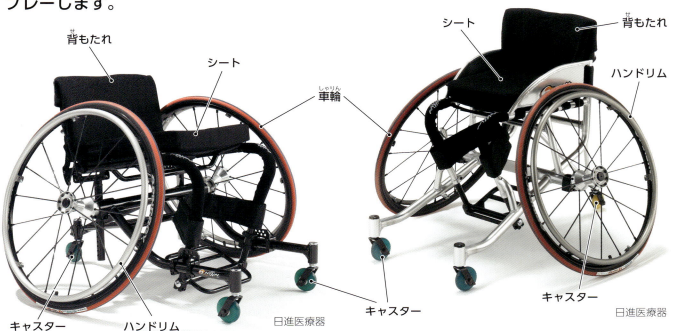

車いすテニス用の車いすは、車輪がハの字型にかたむいている。こうすることで瞬時のターンが可能になり、車体のバランスが安定して転倒をふせぐこともできる。また、前部に2輪、後部に1輪または2輪のキャスターがついているので、転倒しにくい。背もたれが低いので、上半身を自由に動かせる。

競技紹介　車いすテニス

車いすに乗ってプレーするテニスです。コートの大きさやネットの高さ、ボールやラケットなどの用具は一般のテニスとおなじですが、ルールに一部ちがいがあります。一般のテニスではノーバウンドまたはワンバウンドで返球しますが、車いすテニスでは、ツーバウンド以内の返球がみとめられています。

大会の種目にはシングルスとダブルスがあり、性別、障害の種類や程度によってクラスがわけられています。テニスの技術にくわえて、たくみな車いす操作がもとめられます。

ボールを打ちかえす選手。ハンドリムをにぎって、体と車体を安定させている。　写真提供：日本車いすテニス協会

スピード感あふれるプレーをささえる
車いすバスケットボール用車いす

スポーツ用

車いすバスケットボールで使用する競技用車いすです。はげしいプレーにもたえられる構造をしています。

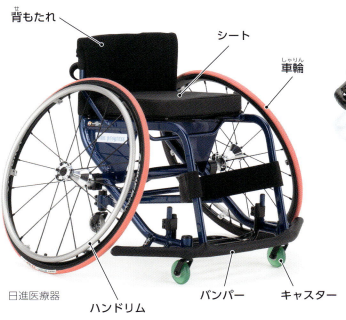
日進医療器

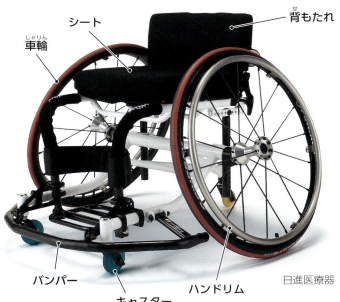
日進医療器

車輪がハの字型をしているのは車いすテニスとおなじ。試合中にタイヤがパンクすることがあるので、車輪は着脱しやすいようにつくられている。車いすの前部・後部にはキャスターがついていて、転倒しにくい。また、前部にはバンパーがあり、選手同士のはげしい衝突から足を保護している。

競技紹介　車いすバスケットボール

車いすに乗っておこなうバスケットボールで、スピード感のあるはげしいプレーが魅力です。

使用するボールや、コートの大きさ、リングの高さは一般のバスケットボールとおなじですが、車いすをこぐ回数など、一部で特徴的なルールもあります。また、大きなちがいとしては、持ち点によるクラス分け制度があげられます。選手一人ひとりには障害の程度に応じた持ち点（1.0〜4.5点）があり、各チームは、コートでプレーする5人の選手の合計点数を14点以下にしなければなりません。

写真提供：フォート・キシモト

車いすバスケットボールの試合風景。「イスバス」という愛称でよばれることもある人気のスポーツ。

第3章　車いす図鑑

はげしいぶつかりあいにたえる
スポーツ用 ウィルチェアーラグビー用車いす

ウィルチェアーラグビー（車いすラグビー）で使用する競技用車いすです。

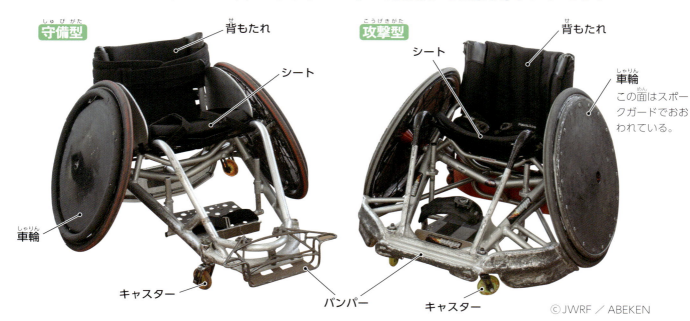

はげしい動きをするので、車輪はハの字型にかたむき、旋回性を高めている。非常にがんじょうなつくりをしていて、「攻撃型」と「守備型」に大きくわけられる。攻撃型は、こまかい動きやすばやいターンができるようにコンパクトにつくられている。守備型は、相手の動きをおさえるためにバンパーがとびだした形状をしている。

競技紹介 ウィルチェアーラグビー

手と足に障害のある人がおこなうボール競技で、ラグビーやバスケットボール、バレーボール、アイスホッケーなどの競技の要素がとりいれられています。

試合は1チーム4人。バスケットボールとおなじ大きさのコートを使用し、専用のボールをパスしたり、ひざの上にのせてはこんだりしてゴールをめざします。ボールをもった人の車いすの2輪がトライラインに達すると得点となります。選手には障害の程度にあわせて持ち点（0.5～3.5点）があり、各チームは、コートでプレーする選手の合計点数を8点以下にしなければなりません。

ウィルチェアーラグビーの試合風景。はげしくぶつかりあう迫力が魅力のひとつ。

スポーツ用 電動車いすサッカー用車いす
フットガードでたくみにボールをける

電動車いすサッカーで使用する競技用車いすです。ジョイスティックを操作してプレーします。

写真協力：横浜クラッカーズ／横浜ベイドリーム

電動車いすサッカー専用のタイプ。フットガードはとりはずすことができる。ふだん使っている電動車いすにフットガードをとりつけてプレーする人もいるが、現在は専用の電動車いすでプレーする人が多い。

競技紹介　電動車いすサッカー

電動車いすの前部に、ボールをけるためのフットガードをとりつけておこなうサッカーです。選手には比較的重い障害のある人が多く、手や腕、あごなどを使ってジョイスティックをたくみに操作し、電動車いすを前後左右に動かしてプレーします。

試合は、おもにバスケットボールのコートを使っておこなわれ、サッカーボールより大きいボールを使用。左右6mの幅のゴールにボールを通過させると得点になります。性別による区別はなく、競技は男女混合による1チーム4人でおこなわれます。試合によって、車いすのスピードが時速10km以下（または時速6km以下）ときめられています。

はやいゲーム展開と迫力あるぶつかりあい、繊細な車いす操作が電動車いすサッカーの醍醐味。

車いすQ&A

 車いすが体にあわなかったら、どうすればいいの？

A 市販されている車いすが体にあわない場合は、オーダーメイドで車いすをつくる方法があります。「オーダーメイド」とは、一人ひとりの注文にあわせて製品をつくることです。使用者の要望に応じてサイズやデザインをきめることができるので、世界に1台しかない車いすがつくれます。手間がかかるため、そのぶん値段は高くなります。

　ほかに、「モジュールタイプ」の車いすを使用する方法があります。モジュールタイプでは、シートの幅やひじかけの高さなどが、体形にあわせて手軽にこまかく調整できます。メーカーやモデルによっては、部品を選んでくみあわせることも可能です。

モジュールタイプの自走・介助兼用車いす
シートの高さと幅、ひじかけの高さなどがかえられる高機能モデル。

MiKi

 雨の日にでかけるときは、どうやって雨をさけるの？

A 自走用車いすの場合、かさを手にもつと、ハンドリムがまわせません。そのため、背もたれやひじかけにかさをとりつける器具が売られています。また、車いす全体をおおう専用のレインコート（雨がっぱ）もあります。

 歩行をたすける器具には、ほかにどんなものがあるの？

A 立ちあがったり、歩いたりするときに体をささえる器具として、「クラッチ」や「歩行器」があります。事故やけがによって歩くのがむずかしい人や、足腰の弱った高齢者などに使用されています。

クラッチ
つえの一種。ひじを固定する部分と、にぎり手がついている。腕を中心にして体をささえる。

カフ（ひじを固定する部分）
グリップ（にぎり手）
MiKi

歩行器
グリップを両手でにぎって上半身をささえる。病院などの屋内で使われることが多い。

グリップ

MiKi

Q 車いすで楽しめるスポーツには、ほかにどんなものがあるの？

A 車いすで参加できるスポーツは、本書で紹介した以外にもあります。フェンシングやアーチェリー、カーリングは、パラリンピック（夏季・冬季）でおこなわれる競技です。

ダンスも車いすに乗ったまま楽しめます。車いすダンスには、ひとりでおどる種目のほか、車いす使用者同士や、車いす使用者と健常者がペアになっておどる種目があります。

また、ふだん車いすを使用している人など、下肢に障害のある人が楽しめるもので、チェアスキーという専用の用具にすわって雪山のコースをすべる冬のスポーツもあります。

チェアスキー
シートにすわり、補助具のアウトリガーでバランスをとりながらすべる。

日進医療器　　　アウトリガー　日進医療器

Q 日本で活躍している補助犬は、何頭くらいいるの？

A 2018年7月現在、日本ではたらいている補助犬（▶p.56）の数は1082頭（厚生労働省：身体障害者補助犬実働頭数〈都道府県別〉より）です。そのうち、盲導犬は約87％、聴導犬と介助犬はそれぞれ約6.5％です。盲導犬がもっとも多いことがわかります。

Q 車いす使用者は、室内用と外出用を使いわけているの？

A 日常的に車いすを使用している人は、車いすを複数台もっていることがめずらしくありません。たとえば、外出するときは移動のらくな電動車いす、家のなかでは小まわりのきく自走タイプというように、用途にあわせて使いわけます。1台で外出用と自宅用を兼用する場合は、外から家にもどったときに、車輪をふいたり、カバーをつけたりします。

Q 車いすにとりつけて便利なグッズはあるの？

A 車いすでの外出時に、飲み物をもっていくことがあります。そのとき、車いすにドリンクホルダーをとりつけておくと、飲み物をいれておけるので便利です。

スマートフォンは外出時の強い味方ですが、ハンドリムから両手をはなすのには不安があります。ひじかけにスマホホルダーをとりつけておくと、片手だけで操作できて安全です。防水仕様になっていれば、雨がふってきてもだいじょうぶです。

夏の晴れた日に、日ざしをさけるものとしては、背もたれのフレームにとりつける日よけグッズもあります。

子ども用の車いすであることを知らせる「バギーマーク」

「バギータイプ」（▶p.65）の車いすは、体の障害により首が固定できない子どもや、姿勢をたもっていられない子どもが乗るためのものです。こういった子どもは、バギータイプの車いすを使わないと外出できません。

バギーマークは子ども用車いすのマークです。

しかし、赤ちゃんが乗る「ベビーカー」と形が似ていることから、外出先で誤解をうけることが少なくありません。たとえば、公共交通機関などでは、子どもをおろして車いすを折りたたむようにいわれることがあります。また、ショッピングモールの障害者用駐車スペースで子どもを乗り降りさせていると、一般用の駐車スペースを使うようにいわれることもあります。

「バギーマーク」は、子ども用車いすであることを周囲の人たちに知ってもらい、このような誤解を少しでもなくしたいというお母さんたちの思いからつくられました。お母さんたちは、子どもが乗る車いすにこのマークをつけて、子ども用の車いすであることを知らせています。

バギーマークをみかけたら、やさしい気持ちでそっと見守り、一般の車いす使用者とおなじような配慮を心がけましょう。

バギーマークのポスター ベビーカーを車いすとして使用している場合にも、バギーマークをつけるように伝えている。

バギーマークの使用例

バギーマークをつけた小物

バギーマークをつけた手づくり商品が売られている。

画像提供：マムミニョンペッシュ

先生・保護者のみなさまへ

　いま、社会環境の変化にあわせて、わたしたちのこれまでの取り組みが大きくかわろうとしています。バリアフリーやユニバーサルデザインへの取り組みもそのひとつです。その背景には、21世紀にはいって急激に進行した少子高齢社会化があります。また、2020年の「東京オリンピック・パラリンピック大会」の開催も社会基盤の整備に大きく影響しています。とくに国際パラリンピック委員会（IPC）は、パラリンピック大会の開催にあたり、障害のある人の人権を尊重し、選手も観客もすべての人が公平に参加するために、移動・交通、宿泊施設、競技場施設などで、ハード・ソフトの両面において十分なバリアフリー整備をもとめています。

　つまり、障害のある人を特別あつかいするのではなく、障害のある人も障害がない人と対等に差別や区別なく参加できる環境づくりがもとめられているのです。これをうけ、政府は2017年2月、「ユニバーサルデザイン2020行動計画」を策定しました。この行動計画は、2020年までに実現しなければならないユニバーサルデザイン計画の目標をさだめたばかりでなく、2020年以降の大会レガシーにおいて、わが国の社会環境・文化活動のありかたをも提言しています。具体的には、バリアフリーに関連する法制度やガイドラインの整備、交通や公共施設整備の促進、学校教育や企業教育における心のバリアフリーの推進、すべての人が差別をうけない・しない共生社会の実現を目標としています。とりわけ、学校教育分野では、教員養成課程・教員研修・免許状更新講習などの各場面で、障害のある人への理解と、インクルーシブ教育の推進がもとめられています。

　本書は、車いす、あるいは車いすを使用する人の立場に立った編集をすることで、児童・生徒がこうした社会の変化に気づき、おたがいのちがいをみとめあい、一人ひとりが力をあわせて、ともに生きていくことのたいせつさにふれるきっかけづくりをめざしています。車いすを題材としたのは、わが国のバリアフリーが全国各地の車いす使用者の活動によってはじめられたからです。本書が学校、保護者のみなさま、そして地域のみなさまに広く活用されることをねがっています。

監修：髙橋儀平

さくいん

※太い文字は車いすの種類やタイプをしめす項目です。

あ

アームサポート［ひじかけ］··········· 15
アームレスト［ひじかけ］············ 15
青延長用押ボタン············· 31、34
アクティブタイプ················ 59
足こぎ車いす·················· 67
移乗························· 36
いす式階段昇降機
ウィルチェアーラグビー［車いすラグビー］········· 72
動く歩道··············· 31、39、41
運転補助装置（自動車用）·········· 43
エアポートコンシェルジェ··········· 41
エレベーター········· 33、39、45、47
横断歩道橋［歩道橋］············· 33
オーダーメイド················· 74
オストメイト············ 36、37、55
オストメイトマーク··············· 55

か

介護用電動ベッド··············· 46
介助犬·············· 55、56、75
介助者····················· 13
介助用車いす············· 13、57
介助用ブレーキ················· 14
角度調節機能·················· 61
機内用車いす················· 41
キャスター［前輪］··············· 15
起立機構つき車いす············· 67
クラッチ···················· 9、74
車いす対応エスカレーター·········· 39
車いす対応トイレ（飛行機内）········ 41
車いすテニス·················· 70
車いすバスケットボール············ 71
車いす用階段昇降機··········· 39、45
車いすラグビー［ウィルチェアーラグビー］········· 72
車いす陸上競技··············· 53、69
軽量タイプ··················· 60

さ（continued left）

後輪［車輪］··················· 14
声かけ····················· 22、25
子ども用標準タイプ············ 64、65
コントロールグリップ（自動車用）······ 43
コンパクトタイプ··············· 60

さ

サイドガード··················· 15
シート····················· 15
視覚障害者··················· 55
視覚障害者誘導用ブロック［点字ブロック］········· 34
姿勢保持タイプ················ 65
自走・介助兼用車いす·········· 14、57
自走用車いす··············· 13、57
シニアカー··················· 68
車輪［後輪］··················· 14
ジョイスティック········· 54、62、63、68、73
障害者スポーツセンター············ 52
障害者のための国際シンボルマーク····· 55
障害者用駐車スペース··········· 31、42
自立活動（自立活動室）··········· 9、11
身体障害者専用乗降場············ 41
身体障害者補助犬［補助犬］······ 55、56、75
ストレッチャー·················· 61
スポークカバー·················· 65
スロープ（坂道）······ 11、27、31、39、44、49、52
スロープ（バス・自動車・タクシー）····· 40、42、43、66
スロープ［渡り板］················ 38
背もたれ［バックサポート／バックレスト］········· 15
前輪［キャスター］················ 15

た

多機能（多目的）トイレ········ 31、36、37、50
段差解消機··················· 44
段差プレート·················· 44
チェアスキー·················· 75
駐車ブレーキ手押しレバー（自動車用）··· 43
駐車用ブレーキ················· 14

聴導犬 ……………………………………55、56、75

ティッピングレバー ……………………………… 14

ティルト ……………………………………………… 61

手押しハンドル …………………………………13、14

手すり ……………11、41、44、46、47、48、49、51

点字ブロック[視覚障害者誘導用ブロック]………… 34

電動アシストタイプ ……………………………… 63

電動カート ………………………………………… 68

電動車いす ……………………………………13、62、63

電動車いすサッカー …………………………54、73

電動ユニット装着タイプ ………………………… 62

特別支援学校 ………………………………………… 8

な

入浴介助用リフト ………………………………… 46

入浴用車いす ……………………………………… 66

ノンステップバス ………………………………… 40

は

ハート・プラスマーク …………………………… 55

バギータイプ …………………………………65、76

バギーマーク ……………………………………… 76

白杖 ………………………………………25、34、55

白杖SOSシグナル普及啓発シンボルマーク ……… 55

バックサポート[背もたれ] ……………………… 15

バックレスト[背もたれ] ………………………… 15

幅広自動改札機[ワイド型自動改札機]…………… 39

バリアフリー ………………………………………30、31

バリアフリー法 …………………………………… 31

ハンドリム ………………………………………13、14

ハンドル旋回ノブ(自動車用) …………………… 43

バンパー ………………………………………71、72

ひじかけ[アームサポート／アームレスト]……… 15

避難用スロープ …………………………………11、52

標準タイプ ……………………………58、62、64、65

福祉車両 ………………………………………42、66

福祉車両専用車いす ……………………………… 66

福祉タクシー ……………………………………… 43

フットガード …………………………………54、73

フットサポート[フットレスト] ………………… 15

フットレスト[フットサポート] ………………… 15

フルフラットバス ………………………………… 40

フルリクライニングタイプ ……………………… 61

ベルト駆動式車いす ……………………………… 67

ヘルプマーク ……………………………………… 55

ホームエレベーター ……………………………… 45

歩行器 ……………………………………………… 74

補助犬[身体障害者補助犬]………………55、56、75

ほじょ犬マーク …………………………………… 55

ボッチャ …………………………………………… 10

歩道橋[横断歩道橋]……………………………… 33

ま

水まわり用車いす ………………………………… 46

耳マーク …………………………………………… 55

盲人のための国際シンボルマーク ……………… 55

盲導犬 …………………………………………55、56、75

モジュールタイプ ………………………………… 74

や

UDタクシー ……………………………………… 43

ユニバーサルデザイン(UD) …………………… 47

ユニバーサルデザイン(UD)タクシーマーク …… 55

ユニバーサルルーム(ホテル内) ………………… 51

呼び出しボタン(多機能トイレ内) ……………… 37

ら

リクライニング …………………………………… 61

リクライニング・ティルトタイプ ……………61、62

リフト ……………………………………………… 8

レーサー …………………………………………… 69

レッグサポート …………………………………… 15

わ

ワイド型自動改札機[幅広自動改札機]…………… 39

ワイドスイッチ …………………………………… 47

渡り板[スロープ]………………………………… 38

79

監修 髙橋 儀平 ［東洋大学 ライフデザイン学部 人間環境デザイン学科 教授］

1974年、埼玉県川口市で「川口に障害者の生きる場を作る会」（脳性マヒ者のケア付き住宅づくり）の活動に参加したことで、障害者の住環境問題を勉強しはじめる。1980年には、障害のある人とない人がともに地域で学んだり、遊んだりすることができるボランティアグループ「うさぎとかめ」を坂戸市で立ち上げる。以降、地域での活動と並行して、自治体や国、企業の福祉のまちづくり、バリアフリー、ユニバーサルデザインにかかわるさまざまな活動をおこなう。

編集・DTP	ワン・ステップ
デザイン	グラフィオ
イラスト	川下 隆

取材協力	東京都立鹿本学園
	社会福祉法人 杉並区社会福祉協議会 杉並ボランティアセンター
	杉並区立松庵小学校
	杉並区立松庵小学校 学校支援本部「あん子応援団」
	障害者スポーツ文化センター 横浜ラポール
	横浜ラ・ストラーダ.Jr／横浜クラッカーズ／横浜ベイドリーム
	東京ミッドタウン日比谷／新宿ピカデリー／ザ・プリンス パークタワー東京

車いすの図鑑

2018年9月 初版発行

監 修	髙橋 儀平
発行所	株式会社 金の星社
	〒111-0056 東京都台東区小島 1-4-3
	電話　03-3861-1861（代表）
	FAX　03-3861-1507
	振替　00100-0-64678
	ホームページ　http://www.kinnohoshi.co.jp
印 刷	広研印刷 株式会社
製 本	牧製本印刷 株式会社

NDC369　80p.　28.7cm　ISBN978-4-323-05658-6

©Takashi Kawashita, ONESTEP inc., 2018
Published by KIN-NO-HOSHI SHA, Tokyo, Japan.
乱丁落丁本は、ご面倒ですが、小社販売部宛てにご送付ください。
送料小社負担にてお取り替えいたします。

JCOPY 出版者著作権管理機構 委託出版物
本書の無断複写は著作権法上での例外を除き禁じられています。複写される場合は、そのつど事前に
出版者著作権管理機構（電話 03-3513-6969、FAX 03-3513-6979、e-mail: info@jcopy.or.jp）の許諾を得てください。
※本書を代行業者等の第三者に依頼してスキャンやデジタル化することは、たとえ個人や家庭内での利用でも著作権法違反です。